Anselm Grün
Die eigene Freude wiederfinden

HERDER spektrum
Band 6098

Das Buch

Freude kann man nicht einfach machen. Und natürlich kennt jeder auch das Gegenteil von Freude – gerade in Zeiten der Veränderung und der Krise. Aber in jedem von uns ist auch ein Raum der Freude. Womöglich ist der Zugang etwas verschüttet, womöglich sind wir nicht immer in Berührung damit – und meinen dann, es gebe keinen Grund zur Freude. Der bekannte Mönch, spirituelle Begleiter und Bestsellerautor Anselm Grün weiß darum – und zeigt, wie jeder Einzelne diesen inneren Raum der Freude wieder entdecken kann. In diesem Buch beschreibt er die Spur, die wieder zum Leben führt; und diese Lebensspur hat immer auch mit Freude zu tun. Jeder weiß aus Erfahrung, wie sich Freude anfühlt und wie gut sie ihm tut. Sich an diese Erfahrung von Freude zu erinnern, ruft sie wieder in uns hervor und kann ihre heilsame Kraft von neuem wirksam werden lassen.
Mit der Freude in Berührung zu kommen, ist heilsam für Leib und Seele – Anselm Grün beschreibt in diesem Buch, wie das gelingen kann.

Der Autor

Anselm Grün OSB, Dr. theol., geb. 1945, verwaltet die Benediktinerabtei Münsterschwarzach. Geistlicher Berater und Kursleiter. Einer der bekanntesten spirituellen Autoren der Gegenwart und Verfasser zahlreicher, weltweit verbreiteter Bücher.

Anselm Grün

Die eigene Freude wiederfinden

FREIBURG · BASEL · WIEN

Titel der Originalausgabe: Die eigene Freude wiederfinden
© 1998 Kreuz Verlag GmbH & Co. KG Stuttgart, Zürich

Alle Rechte vorbehalten
© Verlag Herder Freiburg im Breisgau 2009
www.herder.de
Umschlaggestaltung und -konzeption:
R M E Eschlbeck / Hanel / Gober
Umschlagmotiv: © Mauritius Images
Satz: Layoutsatz Kendlinger
Herstellung: fgb freiburger graphische betriebe
www.fgb.de

Gedruckt auf umweltfreundlichem, chlorfrei gebleichtem Papier
Printed in Germany

ISBN 978-3-451-06098-4

Inhalt

Einleitung 9

Annäherung an die Freude 14
  Freude und Lust 15
  Freude als Ausdruck erfüllten Lebens 16
  Freude und Kreativität 18
  Freudenbiographie 19

Die Spur der Lebendigkeit 24
  Die Freudenspur des Kindes 25
  Die Spur meiner ureigensten Spiritualität 27
  Die Freude aus sich heraussingen 33
  Die lebenserneuernde Kraft der Freude 36
  Den inneren Raum finden 39
  Die eigene Spiritualität entdecken 43

Ein Märchen, das Freude macht 47
  Freude als unvermutetes Geschenk 52
  Die Kunst, sich zu freuen 54

Ist Freude erlernbar? 57
  Alle Gefühle zulassen 58
  Freude drängt zum Tun 60
  Verantwortung für die eigene Lebenskultur 63

Vom Recht, sich auch mal schlecht zu fühlen	65
Die Neubewertung der Ereignisse	67
Der dritte Weg zur Freude	72
Die Freude an mir selbst	76
Kohelet als Botschafter der Freude	77
Freude an meiner Einmaligkeit	78
Freude an meinem Leib	79
Freude über meine Lebensgeschichte	83
Die Freude am Tun	85
Freude am Augenblick	86
Freude am Erfolg	87
Freude am Miteinander	90
Die Kirche als Miteinander in Freude	91
Einander Freude machen	97
Die Freude an der Schöpfung	102
Die vielen kleinen Freuden des Alltags	102
Naturerfahrung als Gotteserfahrung	105
Freude und Gesundheit	107
Die Weisheit der Bibel	107
Freude als Antriebsfeder	109

Freude und Liebe 113

Die Freude an Gott 116
   Die unvergängliche Freude Gottes 117
   Die vollkommene Freude im Johannesevangelium . 119
   Ein Athosmönch der Freude 123
   Jesu, meine Freude 124

Freude im Leiden 128
   Freude über das Leiden 128
   Schmerz und Freude 133
   Freude im Leiden 133
   Freude und Sorglosigkeit 135

Fest und Freude 141
   Fest und Freude bei den Griechen 141
   Christliche Festesfreude 142
   Die Kunst ein Fest zu feiern 144
   Freude und Singen 148

Das persönliche Magnifikat 150

Anmerkungen 157

Einleitung

Freude kann man nicht machen. Das Buch wird in Ihnen nicht automatisch Freude hervorrufen. Aber in jedem von uns ist neben den Gefühlen von Traurigkeit und Ärger, von Angst und Depression auch ein Raum der Freude. Oft sind wir von der auf dem Grunde unseres Herzens liegenden Freude abgeschnitten. Und dann meinen wir, es gäbe keinen Grund zur Freude. Und manchmal wehren wir uns auch gegen die Freude, die in uns ist. Wir möchten lieber jammern, weil uns das mehr Zuwendung bringt als innere Zufriedenheit und ein frohes Herz. Es gibt viele Facetten der Freude in uns, die stille innere Freude, die selbst durch Enttäuschung und Leid nicht verdunkelt wird, die explosive und ekstatische Freude, in der wir am liebsten in die Luft springen möchten, die Freude an uns selbst, die Freude am Leben, die Freude an der Schöpfung und schließlich die Freude an Gott. Vielleicht kennen Sie in sich nur die verhaltene Freude. Sie sind nicht der Typ, der eine Gesellschaft unterhalten kann. Dann trauen Sie Ihrer Art von Freude, ohne sich zu einer Freude zu zwingen, die für Sie nur aufgesetzt wäre.

In der Kirche habe ich oft Predigten gehört, die mich aufforderten, ich solle mich doch freuen. Da wurde immer wieder der heilige Paulus zitiert: „Freut euch im Herrn zu jeder Zeit! Noch einmal sage ich: Freut euch!" (Phil 4, 4).

Solche Aufforderungen zur Freude haben bei mir immer zwiespältige Gefühle ausgelöst. Zum einen ist da sicher die Sehnsucht, mich wirklich freuen zu können. Zum anderen kommt da das Gefühl hoch: Es ist zu einfach, zur Freude aufzufordern. Ich kann mich nicht freuen, nur weil ein anderer das jetzt will. Ich kann mich nicht auf Befehl freuen. Freude kann man nicht einfach machen. Und all die Begründungen, der Christ habe allen Grund zu Freude, er müsse sich doch eigentlich immer freuen, weil er erlöst sei, helfen mir nicht zu wirklicher Freude. Sie machen mich eher aggressiv. Ich kann mich nicht immer und überall freuen. Ich will auch traurig sein dürfen, wenn es für mich gerade stimmt. Bei vielen, die ständig von der Freude reden, spüre ich hinter der Freudenfassade eine tiefe Traurigkeit, ja manchmal Leere und Verzweiflung. Daher überzeugen sie mich nicht. Im Gegenteil, ich habe den Eindruck, sie müssen sich die Freude einreden und sich gegenseitig zur Freude auffordern, weil sie sie in sich nicht wirklich haben.

Wenn ich daher in diesem Buch über die Lebensspur der Freude schreibe, dann möchte ich nicht in diese billige Aufforderung zur Freude einstimmen.

*Ich möchte die Spur beschreiben,
die wieder zum Leben führt.*

Ich möchte vielmehr in Erinnerung an all die Menschen, die ich begleite und die mir sehr viel von ihren Verletzungen und Schmerzen erzählt haben, die Spur beschreiben, die sie schließlich wieder zum Leben geführt hat. Und diese Lebensspur hat immer auch mit Freude zu tun. Jeder hat in sich einen Raum der Freude, auch wenn er oft verschüttet ist, auch wenn er nicht immer in Berührung damit ist. Jeder hat sich schon einmal richtig freuen können. Jeder weiß aus Erfahrung, wie sich Freude anfühlt und wie gut sie ihm tut. Sich an diese Erfahrung von Freude zu erinnern, ruft sie wieder in uns hervor und kann ihre heilsame Kraft von neuem wirksam werden lassen.

Ein Weg der Therapie ist, die Wunden anzuschauen und aufzuarbeiten, sich noch einmal in sie hineinzuspüren, damit sie sich wandeln können, und sich auszusöhnen mit seiner Lebensgeschichte, die voller Verletzungen ist. Das ist ein wichtiger Weg. Aber wir dürfen dabei nicht stehen bleiben. Wir dürfen nicht immer nur fragen, was uns krank gemacht hat, sondern sollten genauso auch untersuchen, was uns denn gesund macht[1], was uns zum Leben führt. Ich erlebe in letzter Zeit viele Menschen, die ständig nur in ihrer Vergangenheit graben, die sich den Kopf zerbrechen, was sie noch alles an kindlichen Verletzungen aufarbeiten müssen und welche Formen der Therapie noch helfen könnten. Wir sollen die Augen nicht vor der Wahrheit unseres Lebens verschließen. Und manchmal stößt uns das Leben mit Nachdruck auf die eigenen Wunden. Dann müssen wir uns ihnen zuwenden. Aber bei manchen ist die Suche nach den eigenen Verletzungen auch zu einer Sucht geworden, die sie davor bewahrt, sich den Problemen zu stellen, die ihnen das Leben heute stellt. Indem sie ständig in den Wunden ihrer Vergangenheit bohren, verhindern sie Heilung, bringen sie sich um die Lebendigkeit, nach der sie sich sehnen.

Das Thema Freude lädt mich dazu ein, nach Spuren in meiner Lebensgeschichte zu suchen, die von Freude und Lebendigkeit geprägt waren. Anstatt immer nur nach krankmachenden Erfahrungen in der Kindheit Ausschau zu halten, sollten wir uns auch an die vielen Erlebnisse erinnern, in denen wir voller Freude und Fröhlichkeit waren, in denen wir so richtig die Lust am Leben gespürt haben. Solche Spuren bringen uns in Berührung mit der eigenen Lebendigkeit, sie können unsere Wunden, die genauso zu unserer Geschichte gehören, oft besser heilen als das ständige Kreisen um die Kränkungen, die wir erfahren haben. Die Spur der Lebendigkeit ist für mich zugleich auch die Spur, auf der ich Gott in meinem Leben entdecke. Für mich besteht die geistliche Begleitung darin, in den Menschen die Spur ihrer Lebendigkeit zu entdecken. Denn auf dieser Spur begegnen sie dem wirklichen Gott, dem heilenden und befreienden Gott, dem Gott, der sie zu ihrer Lebendigkeit, zu ihrer Lebensfreude, zu ihrer einmaligen Gestalt führt.

Mit der Freude in Berührung zu kommen, ist für Leib und Seele heilsam. Daher möchte das Buch Sie einladen, dass Sie die Freude auf dem Grund Ihres Herzens neu entdecken. Wenn Sie über die Erfahrungen der Freude bei anderen Menschen lesen, kommen Sie vielleicht wieder stärker mit der Quelle der Freude in Berührung, die in Ihnen ist. Und vielleicht beginnt diese Quelle dann wieder von neuem zu sprudeln. Ich möchte Sie ermutigen, Ihr eigenes Leben bewusst einmal unter dem Aspekt der Freude anzuschauen. Sie werden auch in Ihrer Lebensgeschichte Spuren der Freude und der Lebendigkeit finden. Von diesen Spuren aus können Sie den Weg entdecken, den Sie heute weitergehen sollten, damit Ihr Leben heil wird und ganz, damit Sie Ihre Einmaligkeit leben, die Sie von Gott her haben, und damit Sie Ihre ureigenste Spiritualität finden, die Sie zu Gott und zu Ihrem wahren Selbst führt.

Annährung an die Freude

Als ich mich mit dem Thema Freude zu beschäftigen begann, las ich zuerst bei den Philosophen und Psychologen, was sie bereits an wichtigen Einsichten formuliert haben. Und ich sah in theologischen Lexika und in Bibelwerken nach, was denn die Bibel und die Theologie zum Thema Freude denken. Ich möchte den Leser nicht mit allen Richtigkeiten über die Freude langweilen, die ich da gefunden habe. Denn je mehr ich versuchte, das Wesen der Freude von der Philosophie oder Psychologie her zu beschreiben oder die biblischen Verse von der Freude zu zitieren, desto weniger Lust hatte ich am Schreiben, so dass ich das Buch erst einmal liegen lassen musste. Es wollte einfach nicht fließen. Und ich wollte nicht lustlos an das Thema Freude herangehen. Da könnte ich zwar sicher Richtiges über die Freude schreiben, aber vermutlich würde da keine Freude auf den Leser überspringen. Ich spürte, dass ich einen anderen Zugang brauchte. Dennoch sind mir einige Gedanken der Philosophen für mein eigenes Nachdenken wichtig geworden. Da ist vor allem die Einsicht, dass Freude Ausdruck des Seins ist, Ausdruck von intensivem Leben und Kreativität. Wir können die Freude nicht direkt erstreben. Wir können nur versuchen, intensiv und schöpferisch zu leben. Dann wird sich auch die Freude als Ausdruck von Lebendigkeit und Kreativität einstellen.

Freude und Lust

Was mir beim Studium der griechischen Philosophie auffiel, war einmal die Trennung von Freude und Lust, an der wir Christen wohl heute noch leiden. Wenn Theologen von Freude sprechen, dann meinen sie die Freude über die Erlösung und über die Liebe Gottes. Die Lust als sinnliche Freude an den genüsslichen Dingen des Lebens, am Essen und Trinken und an der Sexualität, wurde eher abgewertet. Wir haben die Trennung der Stoa zwischen Geist und Trieb so sehr verinnerlicht,

> *Wir können versuchen,
> intensiv und schöpferisch zu leben.*

dass auch unser Reden über die Freude so unsinnlich und letztlich „sinn"-los geworden ist, dass davon keine Freude ausgeht. Dennoch hat auch die Stoa einige bedenkenswerte Gedanken über die Freude entwickelt. Da wird die Freude eine *eupatheia* genannt, ein guter Seelenzustand, eine gute Leidenschaft. Freude ist also nicht leidenschaftslos, sondern leidenschaftlich. Aber sie ist keine zerstörerische Leidenschaft, sondern eine aufbauende und heilende, eine Leidenschaft, die voller Leben ist, die vor Energie und Lust am Leben sprüht. *Epiktet,* ein wichtiger Vertreter der Stoa, der einen großen Einfluss auf die Kirchenväter ausgeübt hat, versteht die Freude als Ausdruck des gesunden

Menschen, des Menschen, der voller Selbstvertrauen und zugleich im Einklang mit Gott ist. Für ihn ist das Ziel des Reifungsweges, dass der Mensch „die ungefährdete Freude in allen Widrigkeiten des Daseins bewahren kann"[2]. Es geht ihm also darum, wie wir auch mitten in unserer Angst und Traurigkeit in Unglück und Not, bei Misserfolg und Enttäuschungen froh sein können. Es geht um die beständige Freude, die tiefer ist als Euphorie und Begeisterung.

Freude als Ausdruck erfüllten Lebens

Ein anderes Konzept für das Verständnis der Freude hat *Aristoteles* entwickelt. Bei ihm hat mich fasziniert, dass er die Freude als Ausdruck eines erfüllten Lebens versteht. Die intensivste Freude empfindet der, der seine Fähigkeiten verwirklicht und dessen Aktivität durch keine inneren oder äußeren Blockaden behindert wird. Sie strömt vor allem aus der richtigen Betätigung der Vernunft und aus schöpferischem Handeln. Freude ist für Aristoteles zugleich eine Energie, die den Menschen antreibt, die in ihm Leben weckt. Die Energie der Freude kann auch heilend wirken auf uns, wenn Verletzungen und Kränkungen unser Leben beeinträchtigt haben. Hier ist für mich ein wichtiger Ansatz, den ich gerne weiter bedenken möchte. Freude bringt in uns etwas in Bewegung. Sie ist eine heilende und anregende Kraft. Sie erzeugt Lebendigkeit und sie treibt zu einem Handeln an, das auch für andere Menschen heilsam ist. Wenn einer sich verbissen für die Armen einsetzt, wird aus seinem Handeln nichts Gutes entstehen können, selbst wenn er noch so viel Kraft in seinen Einsatz steckt. Wer jedoch aus einer inneren Freude an die Arbeit geht, der wird mehr leisten und hilfreicher den Menschen dienen. Von seinem Handeln wird Lebensfreude ausgehen, und er wird Kreativität in den Menschen wecken, denen er hilft.

Die Gedanken der Philosophen wurden von der Theologie aufgegriffen. Unter den vielen theologischen Definitionen der Freude hat mir am besten die von *Alfons Auer,* dem Altmeister der Moraltheologie, gefallen. Für ihn ist die Freude „Ausdruck echter Lebenssteigerung": „Immer ist also Voraussetzung der Freude die Entfaltung und Erfüllung des Menschseins; Freude selbst ist deren psychologischer Widerschein im Affektiven."[3] Von diesem Begriff der Freude her komme ich frei von dem Druck, immer mit einem fröhlichen Lächeln herumlaufen zu müssen.

*Es geht darum,
das Leben zu steigern.*

Es geht nicht darum, die Freude als Gefühl in sich hervorzurufen, sondern in erster Linie darum, das Leben zu steigern, Lebendigkeit zuzulassen, kreativ und mit sich selbst im Einklang zu sein, die eigenen Fähigkeiten und Möglichkeiten zu entfalten und Lust an der eigenen Lebendigkeit zu haben.

Freude und Kreativität

Die Psychologie hat sich natürlich ebenfalls mit dem Phänomen der Freude befasst. *Erich Fromm* unterscheidet zwei Arten von Freude: die eine, die aus der Behebung eines Mangelzustandes oder einer schmerzhaften Spannung entsteht, etwa wenn wir nach einer langen Wanderung durstig nach Hause kommen und uns auf ein kaltes Bier freuen.

> *Lust am Spielen.*

Die zweite Art der Freude ist die, die aus dem Überfluss strömt. Diese Art von Freude ist Ausdruck der Kreativität und Produktivität des Menschen. Ich habe Lust am Spielen, ich freue mich meines Lebens, meiner Lebendigkeit. Ich freue mich über das, was ich gestalten und formen kann, was durch mich entsteht.[4] Genauso wie die Freude ist auch die Liebe für Fromm ein Phänomen des Überflusses. Die Freude hat letztlich immer mit Liebe zu tun, und zwar mit einer produktiven Liebe, die auf gegenseitiger Achtung und Integrität aufbaut und nicht auf gegenseitiger Abhängigkeit. Für Fromm ist die Freude eine Tugend. Denn sie setzt eine Leistung voraus, die innere Anstrengung der produktiven Aktivität. Tugend ist für Fromm Tüchtigkeit. Freude wird uns nicht einfach in den Schoß gelegt. Sie ist Ausdruck eines Lebens, das wir mit aller Leidenschaft leben, in dem wir alle unsere Fähigkeiten, die Gott uns geschenkt hat, auch entfalten. Mit diesen psychologischen Betrachtungen möchte Erich Fromm die Gedanken der Philosophen ergänzen und in unseren heutigen Erfahrungshorizont hinein übersetzen.

Freudenbiographie

Verena Kast hat von der Psychologie her ähnliche Gedanken zum Thema Freude beigesteuert. Sie spricht von der Freude als „gehobener Emotion"[5]. Das Wort Emotion kommt von *movere*, bewegen. Emotionen setzen uns in Bewegung, sie bewegen uns zum Handeln oder aber auch zur Verweigerung des Tuns, das von uns gefordert ist. Die gehobenen Emotionen der Freude, der Inspiration und der Hoffnung machen uns weit, während uns die Angst einengt. Sie „beschwingen uns, regen uns an, sie geben uns eine gewisse Leichtigkeit, aber sie schaffen auch Verbundenheit unter den Menschen"[6].

> *Freude hat mit Kreativität zu tun.*

Die Freude hat also eine therapeutische Funktion. Sie macht den Menschen innerlich gesund, sie schenkt ihm Lebendigkeit und Lust am Leben und führt ihn aus der Vereinzelung heraus, in die ihn die Angst gedrängt hat, und führt ihn zur Solidarität mit den Menschen um ihn herum. *Kast* weiß von vielen Therapien her, dass die Erfahrung der Freude „den entscheidenden Umschlag im Leben eines Menschen bewirken"[7] kann. Freude kann man nicht befehlen. Sie stellt sich oft dann ein, wenn wir sie gar nicht erwarten, und zwar dann, „wenn wir völlig aufgehen können in einer Aktivität"[8]. Das ist für *Verena Kast* die entscheidende Bedingung für die Erfahrung von Freude, „dass wir in einem Tun, einer Aktivität, einem Anblick aufgehen können". Denn Freude hat mit Kreativität zu tun.

Wenn ich etwas Neues herausfinde, löst das große Freude aus. Und Freude hat eine enge Beziehung zur Liebe. Wenn ich einem anderen etwas geben kann, freut das nicht nur ihn, sondern auch mich selbst. „Besondere Freude entsteht in Beziehungen, wenn in den Beziehungen und durch die Beziehungen etwas wächst[9]. Das gemeinsame Kind, das gemeinsame Werk, die Idee, die im Gespräch entsteht, sie sind Verursacher großer Freude. *Verena Kast* sieht das Phänomen der Freude also ähnlich wie *Aristoteles* und *Erich Fromm*. Freude kann nicht direkt angezielt werden, sie ist immer Ausdruck von Aktivität, von Liebe, von Offenheit, von Sich-vergessen-Können in einer Aufgabe oder in der Liebe.

Es gibt tausend kleine Freuden, die jeder täglich erlernen kann, die Freude am schönen Wetter, die Freude an der Schönheit der Berge, die Freude an jeder Begegnung. Während wir uns freuen, analysieren wir unsere Freude nicht. Das wäre schädlich. Aber wir sollten uns unserer täglichen kleinen Freuden bewusst werden, sie bewusst wahrnehmen. Dann wird die positive Grundstimmung in uns verstärkt. Und das wirkt gesundheitsfördernd. Wer solche Erfahrungen der kleinen Freuden vernachlässigt oder überspringt, der fühlt sich – so zeigen es psychologische Untersuchungen – „müde, schläfrig, weniger gesund und angespannt ... Man beurteilt sich selber unter solchen Bedingungen schlechter und fühlt sich vor allem weniger kreativ und vernünftig".[10] *Verena Kast* lädt daher ein, die eigene „Freudenbiographie" zu schreiben. Sie meint, wir sollten uns immer wieder daran erinnern, wo und wie und worüber wir uns in unserem Leben schon gefreut haben. Die Freudenbiographie lässt uns unsere Geschichte mit folgenden Fragen anschauen: „Wie habe ich Freude erlebt in meinem Leben? Wie habe ich sie abgewehrt? Wie wurde sie mir verwehrt? Und: Was ist aus der Freude im Laufe des Lebens geworden? Ist sie mehr geworden?"[11] Wenn wir unser Leben unter diesem Blickwinkel anschauen, dann werden wir auf wichtige Spuren der Lebendigkeit stoßen, dann werden wir in Berührung kommen mit den heilenden Kräften, die in uns selbst liegen, dann machen wir eine Art Selbsttherapie, die wirksamer sein kann als

Jahre qualvoller Fremdtherapie. Dabei sollten wir nicht nur über die Situationen nachdenken,

> *In Augenblicken der Freude*
> *waren wir einverstanden mit unserem Leben.*

in denen wir Freude erlebt haben, sondern uns auch an die Körperbewegungen erinnern, mit denen wir als Kind unsere Freude ausgedrückt und die wir besonders geliebt haben.

Wenn wir uns die Mühe machen, unsere Freudenbiographie zu schreiben, bringt uns das in Kontakt mit uns selbst. Wir spüren die Freude der Vergangenheit von neuem. In Augenblicken der Freude waren wir einverstanden mit uns und unserem Leben. Von solchen Augenblicken geht die Einladung aus, auch heute Ja zu sagen zu unserem Leben, uns eins zu fühlen mit uns, so wie wir geworden sind. Wenn wir uns durch die Erinnerung an frühere Freudenerfahrungen wieder von neuem freuen können, wächst in uns die Lust am Leben, und wir haben mehr Kraft in uns, uns den krankmachenden Strukturen in uns entgegenzusetzen. Von der Emotion der Freude geht eine heilende Kraft aus. Die Frage ist, warum wir uns lieber unseren Wunden zuwenden als unseren Freuden. Offensichtlich haben viele als Kinder die Erfahrung gemacht, dass sie von den Eltern mehr beachtet werden, wenn es ihnen schlecht geht. So kreisen wir um unsere Verletzungen, damit wir heute Zuwendung bekommen. Aber mit dieser Strategie programmieren wir eine ständige Enttäuschung vor. Denn wir werden nie genug an Zuwendung erhalten. Daher ist es heilsamer und sinnvoller, uns liebevoll uns selbst zuzuwenden. Eine solche Art positiver Selbstzuwendung ist die Erinnerung an vergangene Freuden und der Versuch, uns hier und heute an uns und unserem Leben zu freuen. Ständig auf die Zuwendung anderer aus zu sein ist Ausdruck einer Mangelerfahrung. Sich zu freuen an den kleinen Dingen des Alltags ist dagegen ein Zeichen, dass in uns Überfluss an Leben ist. Und wir können durch die Bereitschaft, uns immer wieder zu freuen, das Leben in uns auch zum Strömen bringen.

Die Spur der Lebendigkeit

Im Recollectiohaus begleite ich gemeinsam mit drei Mitbrüdern die Priester und Ordensleute, die für drei Monate zu uns kommen, weil sie für sich etwas tun wollen. Oft sind sie ausgebrannt von ihrer Arbeit. Manchmal fühlen sie sich spirituell völlig leer. Sie spüren weder sich noch Gott noch das Leben. Oder sie sind in eine Berufskrise geraten und wissen nicht mehr, wie es weiter geht. Wir haben uns als geistliche Begleiter gefragt, wie wir denn unsere Begleitung verstehen, etwa im Unterschied zur therapeutischen Begleitung. Übereinstimmend berichten alle vier, dass es uns darum geht, in den Gästen die Spur ihrer Lebendigkeit zu entdecken. Dort, wo einer sich lebendig fühlt, wo seine Energie zu strömen beginnt, dort begegnet er auch Gott, dort kann er auch seine ureigenste spirituelle Spur entdecken.

Wenn wir Freude mit *Aristoteles, Erich Fromm* und *Verena Kast* als Ausdruck von Lebendigkeit, von produktiver Aktivität, von seinsgemäßem Leben verstehen, dann ist die Spur der Lebendigkeit auch die Spur der Freude. Ich erlebe oft, wie die Gäste erzählen, dass sie sich beim Wandern lebendig fühlen, dass sie da Lust haben am Leben. Da schreiten sie weit aus und fühlen sich frei. Andere werden lebendig, wenn sie musizieren oder klassischer Musik lauschen. In anderen wird Leben wach, wenn sie dichten. Wenn die

Gäste davon erzählen, wo sie sich lebendig und authentisch fühlen, dann hellt sich oft ihr Geicht auf. Wer zusammengesackt vor mir saß und depressiv von seinen Wunden erzählte, der richtet sich auf einmal auf und spricht mit einer ganz neuen Stimme. Da wird in der Stimme, in der Körperhaltung, im Gesichtsausdruck Leben erfahrbar.

> *Die ganz persönliche
> Spiritualität entdecken.*

Mit ihrer Spur der Lebendigkeit entdecken die Gäste oft genug auch ihre ganz persönliche Spiritualität, die ihnen nicht vom geistlichen Lehrer übergestülpt wird, sondern die ihnen aus dem Herzen strömt. Und diese ganz persönliche Spiritualität ist immer auch ein Weg, auf dem sie heiler werden und ganz.

Die Freudenspur des Kindes

In den letzten Jahren habe ich nicht nur nach den Orten gefragt, an denen sich die Menschen *heute* lebendig fühlen. Gerade wenn mir jemand von seiner beschädigten Kindheit erzählt, von kränkenden Erlebnissen, von aussichtslosen Situationen, frage ich öfter danach, wo er sich denn als Kind am wohlsten gefühlt habe, welche Wege er als Kind entdeckt habe, um der überfordernden und krankmachenden

Situation seines Elternhauses zu entrinnen, welche Strategien er entwickelt hat, um auf die Spannungen daheim zu reagieren, wo er sich als Kind lebendig erlebt und was er am liebsten getan hat. Ich könnte mit *Verena Kast* auch fragen, wo er sich als Kind gefreut hat, wo er mit der ursprünglichen Daseinsfreude in Berührung war. Ich bin überzeugt, dass ein Kind von sich aus genau den Weg findet, auf dem es auch in schwierigen Verhältnissen leben kann. Instinktiv weiß das Kind genau, was ihm gut tut und was es zum Leben braucht. Ich könnte auch mit *John Bradshaw*[12] vom göttlichen Kind sprechen, das jeder in sich trägt und das uns unsere wahren Gefühle und Bedürfnisse zeigt, das uns den Weg zeigt, auf dem unser wahres Selbst leben kann. Es ist ein Weg der Selbstheilung und es ist ein Weg, auf dem jeder seine ureigenste Spiritualität entdecken kann, die ihm heute weiter hilft, die in ihm die Kräfte weckt, die er heute bracht, um von den Wunden der Vergangenheit Abschied zu nehmen und das Leben von neuem zu lernen. Wenn der Erwachsene mit diesem selbst entdeckten Weg der Lebensfreude in Berührung kommt, dann tut es ihm jetzt gut, dann sprudelt auf einmal eine Quelle von Freude in ihm auf, die echter und tiefer ist als alles, was ich ihm an guten Ratschlägen geben könnte. Ich erlebe dann oft, wie das Gespräch einen ganz anderen Verlauf nimmt. Da ist nicht mehr das Klagen über das aussichtslose Bemühen um ein geistliches Leben, das immer wieder scheitert, weil die Wunden der Vergangenheit so stark aufbrechen und alle

Versuche gesunder Lebenskultur wieder zerstören. Da keimt auf einmal Hoffnung auf, dass das Leben doch gelingen kann, die Ahnung, dass in einem selbst ja ein kerngesunder Lebenskeim liegt, der nur auf die Entfaltung wartet.

Die Spur meiner ureigensten Spiritualität

Für mich als geistlicher Begleiter ist diese Spur der Selbsttherapie immer auch eine Spur der ureigensten Spiritualität. Viele klagen in der Lebensmitte darüber, dass ihr geistliches Leben zusammengebrochen sei. Sie haben den Eindruck, ihre Spiritualität sei ihnen von den Eltern, von der Kirche, vom Orden übergestülpt worden. Jetzt sind sie ratlos, meinen, Gott sei bloß eine Einbildung. Sie haben in ihrem geistlichen Leben ganz viel Energie auf die Einhaltung von stillen Zeiten, von Gebet und Meditation verwendet. Und jetzt spüren sie, dass das alles eine Illusion war. Die spirituelle Spur war für sie wesentlich. Ohne sie hätten sie nicht überlebt. Aber jetzt stimmt sie nicht mehr. Sie können nicht mehr beten. Die Meditation ist leer. Gott ist ihnen abhanden gekommen, zwischen den Fingern zerronnen. Das stürzt sie in eine tiefe Krise. Manche versuchen dann, krampfhaft an ihrer Ordnung festzuhalten. Aber immer wieder scheitern sie daran. Es gelingt ihnen einfach nicht, ihre Meditation durchzuhalten. Sie fühlen sich so leer dabei, dass sie keinen Sinn mehr darin sehen, weiter zu machen. Der innere Widerstand wird so groß, dass sie es mehr und mehr aufgeben, überhaupt noch zu beten oder zu meditieren. Und sie wissen keinen Weg, aus dieser Verzweiflung herauszukommen. Auch da hilft es oft, die urpersönlichste Spur zu entdecken, auf der man als Kind Gottes Nähe erfahren hat, auf der man als Kind sich am wohlsten gefühlt hat.

Immer wo ich mich als Kind
ganz im Einklang mit mir
und der Welt gefunden habe,
dort war ich aus eins mit Gott.

Denn dort, wo ich mich als Kind ganz im Einklang mit mir und der Welt gefunden habe, dort war ich auch eins mit Gott. Genau das ist auch die spirituelle Spur, die nicht aufgesetzt ist, sondern die Spur, auf der ich Gott begegnet bin und ihn gefunden habe. Wenn ich diese Spur wieder neu entdecke, kann auch mein geistliches Leben wieder aufblühen.

Es sind oft archetypische Erfahrungen, die mir Erwachsene erzählen, wenn ich sie danach frage, wo sie sich als Kinder am wohlsten gefühlt und wie sie als Kind auf die Verletzungen und auf unerträgliche Situationen reagiert haben, und sie klingen erstaunlich ähnlich. Da ist eine Frau, die sich sehr erschöpft fühlt. Sie meint, die viele Arbeit sei schuld an ihrer Erschöpfung. Aber auch ein langer Urlaub hat ihr nicht geholfen. So ahne ich, dass die Erschöpfung mit einer inneren Struktur zu tun haben muss. Als Kind hat sie immer den Eindruck gehabt, sie müsse aufpassen, sonst würde sie geschimpft, sonst gäbe es Streit zwischen ihrem Onkel und den Eltern. Sie wuchs auf mit einem ständigen Gefühl der Überforderung: „Wie kann ich es dem Onkel recht machen? Schaffe ich auch alles, was von mir verlangt wird? Hoffentlich gibt es heute keinen Streit. Was kann ich nur machen, dass es einigermaßen friedlich zugeht?" Dieses Gefühl, dass andere ständig etwas von ihr wollen, hat sie letztlich ihr ganzes Leben lang überfordert. Sie lebte in einer ständigen Anspannung und konnte sich nicht fallen lassen, sich nicht entspannen. Jeder Konflikt hat diese Grundspannung aus ihrer Kindheit wieder neu aufleben lassen und ihr ihre ganze Energie geraubt. So fragte ich sie, wo sie sich denn als Kind am wohlsten gefühlt habe. Sie meinte, sie habe sich als Kind oft Höhlen in das Heu oder Stroh gegraben und habe sich darin zurückgezogen. Da hat sie sich richtig wohl gefühlt. Da war sie geschützt. Da konnte sie kein Konflikt erreichen. Da konnte niemand mit ihr schimpfen. Da hat sie sich lebendig gefühlt, da war Lebensfreude. Da war sie ganz bei sich, mit sich im Einklang.

Die Höhle ist ja ein Symbol für den Mutterschoß. Es war eine gesunde Regression, die das Kind da für sich als Lebensspur entdeckt hat. Und sie hat noch einen anderen Weg gefunden. Sie ist gerne auf eine große Linde geklettert, die vor ihrem Haus stand. Dort konnte man sie nicht sehen.

Dort konnte sie alles von oben betrachten. Da hat sie sich richtig frei gefühlt.

Mütterliche Symbole:
Gott als Heimat und Geborgenheit erleben.

Und zugleich hat sie sich größer gefühlt als die Menschen, die da auf der Erde herumliefen und nach ihr suchten. Die Höhle und der Baum sind zum einen mütterliche Symbole, zum anderen haben sie auch eine religiöse Bedeutung. Sich in die Höhle zurückziehen kann auch heißen: Gott als Schutzraum erfahren, bei Gott daheim sein, in Gott Heimat und Geborgenheit erleben. Gott schützt diese Frau vor der bedrohenden Nähe der Menschen, die ständig etwas von ihr wollen, die übertriebene Erwartungen an sie haben, denen sie alles recht machen möchte, vor denen sie Angst hat, dass sie sich zerstreiten und ihr die Schuld für ihre Konflikte zuschieben. Das Bild der Höhle zeigt, welches Gottesbild ihr heute helfen kann, sich fallen zu lassen und sich zu entspannen. Nicht der Gott, dem sie alles recht machen muss, vor dem sie alle Gebote erfüllen muss, dessen Willen sie immer neu entdecken muss, sondern der Gott, bei dem sie geborgen ist, bei dem sie sein darf, wie sie ist, geschützt und frei, geborgen und daheim, dieser „Höhlengott" wird sie heute heilen und ihr den Raum schenken, in dem sie regenerieren kann. Natürlich ist das mütterliche Bild der Höhle auch ein einseitiges Gottesbild. Es braucht den Gegenpol des Exodusgottes, der mich herausführt aus Abhängigkeiten, der mich in die Verantwortung stellt. Aber für ihre jetzige Situation braucht sie dieses mütterliche Gottesbild, damit sie aufhört, sich zu überfordern, damit sie sich in Gottes liebende Arme fallen lassen kann.

Ich erlebe in der geistlichen Begleitung viele Menschen, die ähnlich wie diese Frau vom Leistungsdenken bestimmt sind. Sie machen auch aus ihrem geistlichen Leben eine Leistung. Sie strengen sich an, damit sie sich selbst und Gott etwas vorweisen können. Sie möchten täglich eine Meditationszeit, einen Rosenkranz, eine Bibellesung, eine Gewissenserforschung einhalten. Dann sind sie mit sich zufrieden. Aber sie sind nicht wirklich froh dabei. Im Gegenteil, oft hetzen sie ihrem eigenen geistlichen Programm nach und können es doch nicht erfüllen. Gebet hat wesentlich auch mit Regression zu tun. Gebet ist eine legitime Regression. Ich ziehe mich zurück vom Leistungsbetrieb. Ich ziehe mich zurück aus den Konflikten, um in Gott ausruhen zu können. Erst wenn ich in der Höhle des Gebetes wieder zur Ruhe gekommen bin, kann ich mich neu auf den Berg stellen, wo mir der Wind um die Nase weht und Gott mir zeigt, wo er mich heute braucht (vgl. 1 Kön 19, 9ff).

Der Baum, auf den die Frau als Kind so gern geklettert ist, ist ein Bild der Freiheit, die Gott gewährt. Wenn ich in Gott bin, dann bin ich frei von der Macht der Menschen. Dann bin ich nicht mehr ihren Erwartungen ausgeliefert. Ich habe Distanz zu ihnen. Sie kommen mir nicht mehr so riesig und gefährlich vor. Sie werden klein, sie relativieren sich. Gotteserfahrung ist wesentlich Erfahrung der Freiheit. Und die Frau braucht gerade die Erfahrung, dass Gott sie von der Macht der Menschen befreit, dass er sie auf einen hohen Felsen stellt, wie der Psalmist sagt. Durch die Erinnerung an diese kindlichen Erfahrungen konnte die Frau manche Bibelworte ganz neu verstehen. Jetzt entdeckte sie auch in der Bibel den Gott, der sie befreit. Das war für sie heilsam. Das gab ihr die Möglichkeit, sich endlich von der destruktiven Macht der Kindheitserlebnisse zu befreien.

Als die Frau über diese beiden kindlichen Wege nachdachte, wurde sie lebendig. Da verwandelte sich ihr Jammern über ihre Müdigkeit in innere Freude. Ihr Gesicht strahlte diese Freude wider. Ich spürte ihr an, dass da in ihr eine Quelle der Lebensfreude aufgebrochen war. Jetzt hatte sie nicht mehr die Angst, dass sie einen mühsamen Weg der Therapie und geistlichen Begleitung gehen müsse, um endlich alles aufzuarbeiten, was da in der Kindheit an Beschwerlichem war. Jetzt hatte sie einen Weg entdeckt, auf dem sie Lebendigkeit erfuhr und mit der Lebendigkeit auch Freude am Dasein, Freude an ihrem Leben, Freude an sich selbst, dass sie selbst die Spur entdeckt hat, auf der sie sich heil und ganz fühlen kann, auf der sie mit sich selbst in Einklang kommt.

Die Freude aus sich heraussingen

Das Bild des Baumes, auf den man als Kind gerne geklettert ist, und das Bild der Höhle, in die man sich zurückgezogen hat, habe ich öfter gehört, wenn ich nach den Spuren der eigenen Lebendigkeit gefragt habe. Offensichtlich sind dies zwei ganz wichtige Grundmuster, die uns gut tun. Eine andere Frau erzählte mir, dass sie immer dann, wenn der Vater zu viel getrunken hat und dann mit der Mutter gestritten oder die Kinder angeschrieen hat, schmollend weggelaufen ist. Dann hat sie sich auf den Schaukelstuhl gesetzt, den der Großvater als Schreiner geschaffen hatte. Er hatte die Gestalt eines großen Schwans. Dort thronte sie und fühlte sich größer als alle anderen. Dort wuchs ihr Selbstwertgefühl. Sie spürte Stärke und Kraft in sich. Und dann begann sie einfach zu singen. Das Anschreien oder manchmal auch das Schlagen des Vaters hat sie als verletzend erfahren. Sie hat das mit ihrem Schmollen ausgedrückt, und gleichzeitig hat sie sich durch das Schmollen vom Vater distanziert. Sie hat sich vom destruktiven Einfluss des Vaters befreit. Aber sie ist nicht beim Schmollen stehen geblieben. Denn dann hätte sie dem Vater zu viel Macht gegeben. Auf dem Schaukelstuhl kam sie mit ihrer eigenen Würde und ihrem Selbstwertgefühl in Berührung. Auf ihrem Schwanenthron spürte sie, dass sie einen unantastbaren Wert hat. Vielleicht war auch gerade das Bild des Schwanes wichtig. Der Schwan ist ja ein stolzes Tier. In der

Antike ist der Schwan wegen seiner Schönheit und Reinheit das Tier der Venus, der Göttin der Schönheit und Liebe. In Indien reitet Brahma, der Schöpfergott, auf einem Schwan. Durch den Schwan kam das Kind in Berührung mit seiner Liebe und Freude, seiner Stärke und Schönheit, mit seiner göttlichen Würde, die ihm kein Mensch rauben konnte, auch der Vater nicht mit seinen verletzenden Worten oder mit seinen Schlägen.

Auf dem Schwan sitzend begann das Mädchen zu singen. Das Singen führte es an die positiven Gefühle heran, die in ihm waren, an die Quelle der Freude, die unterhalb der Verletzung und der Schmerzen immer noch sprudelte. Und indem sie mit dieser Quelle der Lebensfreude und Lebendigkeit Kontakt aufnahm, verflog der Schmerz über die Kränkung immer mehr. Sie fühlte sich gut, im Einklang mit sich und der Welt, im Einklang mit Gott. Das war ein wichtiger Schritt der Selbstheilung. Es war aber auch genau ihre spirituelle Spur. Als sie mir von diesem Erlebnis erzählte, steckte sie in einer spirituellen Krise und wusste nicht mehr ein noch aus. Sie hatte den Eindruck, dass Gott für sie entschwunden sei. Alles, was sie bisher an spiritueller Praxis vollzogen hatte, war ihr abhanden gekommen und hatte sich verflüchtigt. Es war alles so unwirklich. Jetzt kam sie mit ihrer ganz persönlichen Spiritualität in Berührung. Sie erzählte, dass sie gerne Musik auflegte,

*Mit Tanzen und Singen
an die geistliche Spur anknüpfen,
die sie als Kind entdeckt hat.*

um für sich selbst zu tanzen. Das sei so ein innerer Impuls. Aber von ihrer Erziehung her hatte das natürlich nichts mit geistlichem Leben zu tun. Jetzt erhellte sich ihr Gesicht. Sie spürte, dass dieses Tanzen und Singen genau an die geistliche Spur anknüpfen konnte, die sie selbst als Kind entdeckt hat. Sie brauchte nicht vergeblich weiterzuführen, was sie im Kloster an spiritueller Praxis auf sich genommen hatte. Indem sie dem inneren Impuls zum Singen und Tanzen folgte, war sie ein spiritueller Mensch.

Sie erzählte mir noch von einem anderen Ort, an dem sie sich ganz wohl gefühlt hat, an dem sie mit sich im Einklang war, an dem die Freude Ausdruck ihrer inneren Lebendigkeit war. Am liebsten spielte sie mit ihren Freundinnen in der kleinen Dorfkirche. Vor allem vor dem Marienaltar spielten sie gerne mit ihren Puppen. Sie zogen sie an und aus und legten sie in den Kinderwagen. Manchmal stiegen sie auch über die Bänke und schaukelten dort. Die Messnerin hatte offensichtlich Verständnis dafür. Sie ließ sie gewähren. Als Kind dachte sie natürlich nicht darüber nach, warum sie gerade in der Kirche und vor dem Marienaltar so gerne gespielt hat. Das Kind findet solche Orte unbewusst. Es weiß, was ihm gut tut, was seine Seele heilt. Maria verweist auf den mütterlichen und zärtlichen Gott. Ihre Mutter war eher kühl und distanziert. Da hat sie nie richtig Wärme erfahren. Sie hat immer Angst gehabt, dass der Vater sich über die Kinder aufregen und wieder Streit anfangen könnte. In der Kirche fühlten sich die Kinder sicher. Da konnten sie aufgehen in ihrem Spiel. Da störte sie niemand. Da war ein Schutzraum. Und es war ein geheimnisvoller Raum, voller Lebendigkeit und numinoser Ausstrahlung. Und es war offensichtlich ein mütterlicher Raum, voller Wärme und Weite, ohne Angst vor dem tobenden Vater. In ihrer religiösen Erziehung hatte sie gelernt, Gott als Vater zu sehen und eine persönliche Beziehung zu Christus aufzubauen. Das war jedoch letztlich ein vergeblicher Versuch, gegen ihre eigene Spur ein Gottesbild zu bilden. Die Erinnerung an das Spielen vor Maria gab ihr den Mut, Gott in seiner Mütterlichkeit und Weiblichkeit wahrzunehmen und zu lieben. Nicht der Gott, der von ihr etwas verlangte, sondern der Gott, vor dem sie spielen durfte, würde sie zur Lebendigkeit und zur Freude führen.

Die lebenserneuernde Kraft der Freude

Ein Mann hatte als Kind in seiner desolaten Familie kein Vertrauen gelernt. Die Zerrissenheit seiner Eltern und die ständigen Kämpfe der Ehepartner gegeneinander haben am Fundament seines Lebens genagt. Er hatte den Eindruck, dass sein Leben auf einem sehr brüchigen Fundament aufgebaut war. Aber auf meine Frage hin erinnerte er sich, wie er als Kind am liebsten zum Rhein gegangen ist. Dort konnte er stundenlang sitzen, auf das Wasser schauen und sich den eigenen Gedanken und Träumen überlassen. Wenn jemand so eine Erfahrung berichtet, frage ich nach, was das denn eigentlich gewesen sei und wie er sich gefühlt habe. Er hat als Kind unbewusst das Wasser gesucht. Aber jetzt ist es wichtig, sich das unbewusste Tun bewusst zu machen und es genauer anzuschauen. Nur dann wird es fruchtbar für heute. Das Wasser, das strömt und strömt, beruhigt. Es relativiert alles, was wir erlebt haben. Es zeigt uns, dass alles vergeht, dass alles wegfließt. Genauso floss das Schimpfen des Vaters oder das Schreien der Mutter weg.

Der Gott, vor dem sie spielen durfte. Maria.

Es hatte keine Macht mehr über ihn. Am Fluss sitzend war der Bub mit sich selbst in Berührung. Er war nicht mehr von den Eltern abhängig, nicht mehr im Bannkreis ihrer Aggressivität und Unzufriedenheit. Er war bei sich, konnte sich den eigenen Gedanken überlassen.

Das fließende Wasser ist ein Symbol des Lebens und der Lebenserneuerung. Offensichtlich brauchte das Kind die Erfahrung des Lebens, um sich gegen die lebenszersetzenden und zerstörenden Kräfte der Eltern zu schützen und sich zu regenerieren. Wasser ist auch ein numinoses Symbol. Es fließt immer weiter und der Strom bleibt doch derselbe. Vergehen und Ewigkeit fallen hier in eins miteinander. Der Mann hatte nach seinem Scheitern viele Wege der Heilung gesucht, auch Psychotherapie, und er ahnte auch, dass Gott für ihn wichtig sei. Aber er tat sich schwer, an einen persönlichen Gott zu glauben. Das Bild der Person erinnerte ihn zu sehr an die negative Erfahrung von Personen, die er gemacht hatte, bei seinen Eltern und in seiner Firma. Ich riet ihm, die Spur des Wassers,

> *Gott ist strömendes Leben,*
> *fließende Liebe.*

das immer fließt, als Bild seiner Spiritualität zu nehmen. Er muss ja Gott nicht zuerst als Person sehen. Gott ist Leben, strömendes Leben, fließende Liebe. Da kam ihm Siddhartha in den Sinn. Er war fasziniert von dem Roman von Hermann Hesse. Siddhartha hatte ja am Fluss die Einheit mit allem erfahren. So wurde das Kindheitserlebnis – zu Ende gedacht – zum Schlüssel für seine Spiritualität und für seinen Weg, mit sich und seinem Leben besser zurechtzukommen. Bevor er sich damit quälte, Gott als Person zu denken, sollte er in der Beobachtung des fließenden Wassers Gott als die Quelle allen Seins entdecken, als die Quelle, die auch in ihm sprudelt und das Leben in ihm zur Blüte bringt. Wenn er dann von dieser Erfahrung her Gottes Wirklichkeit erahnt, kann er auch die Bibel zur Hand nehmen und versuchen, in einige

Verse hineinzuhorchen. Vielleicht erkennt er dann, was es heißt, dass Gott als die Quelle des Seins sich auch in Worten ausdrückt, die wir verstehen können, in Worten der Liebe, die von einem Du kommen und uns als Du ansprechen.

Den inneren Raum finden

Eine Frau, die mir erlaubte, ihre Gedanken zu ihrer Lebensspur der Freude zu veröffentlichen, schrieb mir: „Wenn mein Vater einen Wutanfall bekam, flüchtete ich als Kind oft an einen Ort, an dem ich unerreichbar war. Zunächst war es unser großer Garten, in dem ich mich in einer Tannenschonung versteckte. Als ich etwas älter war, baute ich mir Hütten aus Decken oder aus Gestrüpp, eine Hütte auf dem Dachboden oder im Keller und versteckte mich dort. Am liebsten flüchtete ich in unsere Pfarrkirche auf die Orgelempore. Hier hätte mich niemand gesucht. Die Kirche war für mich ein Schutz- und Geborgenheitsraum. So ist es mir auch verständlich, dass ich heute als Erwachsene am liebsten meditiere, indem ich in eine Decke eingehüllt den „Inneren Raum" in mir aufsuche, den Raum, in dem ich für niemanden erreichbar bin, wo kein Mensch mich finden kann, wo ich unverletzbar bin und in dem nur Christus Zutritt hat. In dieser Weise der Meditation fühle ich mich am meisten zu Hause, und ich erfahre dadurch eine neue Freude und Sicherheit.

Schon sehr früh hatte ich auch die innere Vorstellung, dass ich mich in Situationen, in denen ich Angst hatte und mich ungesichert fühlte, unter den Mantel von Maria flüchten könne. Da ich wenig Zärtlichkeit von meiner Mutter erfuhr, war Maria für mich eine Person, von der ich das erhoffte, was meine Mutter mir nicht geben konnte. Ich liebte das Lied: ‚Maria breit den Mantel aus'. So entwickelte ich die Vorstellung, dass ich unter den Mantel von Maria flüchten konnte und dort Schutz und Geborgenheit erfuhr.

Ein anderes, mich beruhigendes Ritual war folgendes: Wir fuhren am Wochenende meistens in unser nahe gelegenes Wochenendhäuschen. Dort stand in dem Wäldchen, das das Haus umgab, stand, so lange ich denken konnte, eine kleine weiße Pietà aus Gips. Sobald ich am Häuschen ankam, lief ich zunächst zur Pietà, um sie von herabgefallenen Blättern und von Schmutz zu reinigen. Dann suchte ich Blumen, um die Pietà neu zu schmücken. An diesem Ort und bei diesem Tun erlebte ich immer viel Frieden. Es war ein Ritual, das ich eine lange Zeit hindurch lebte. Ich erinnere mich gut an den schmerzvollen Tag, an dem ich mein geheimes Pietàversteck im Wald aufsuchte und entdecken musste, dass die Pietà zerbrochen am Boden lag. Als Erwachsene lebe ich dieses Ritual im Grunde genommen weiter. Bisher war es mir jedoch nicht bewusst, dass es meine fortgesetzte ‚Kindheitsspur' ist. Noch heute suche ich am liebsten die Pietà in unserer Kirche auf, wenn ich innerlich in Bedrängnis bin. Ich flüchte zu Maria mit einer tiefen Gewissheit, dass sie mir helfen wird. Schon der Anblick der Pietà schafft in mir einen Raum von Geborgenheit und die Gewissheit, dass dort jemand ist, der all das, was in mir an Zerrissenheit, Sehnsucht, Dunkel und Suche ist, mit mir teilt."

Für manche Leser mögen diese Erinnerungen nur Regression sein, Flucht in die heile Kindheit. Aber Gebet und Meditation sind für mich durchaus eine legitime Regression, allerdings nur dann, wenn sie verbunden ist mit einem kraftvollen Engagement für die Menschen. Die Frau, die diese Erfahrungen niederschrieb, steht mitten im Leben. Sie flieht nicht vor den Auseinandersetzungen, sondern sie findet mitten in ihrem Kampf nach außen in ihrer Kindheitsspur einen Raum von Geborgenheit und eine Quelle von Lebenserneuerung und innerer Freude.

Kindheitsspur von Geborgenheit,
Quelle von Lebenserneuerung und innerer Freude.

Maria ist für sie keine Ersatzmutter, weil ihre richtige Mutter so kühl und unnahbar war. Aber indem sie in Maria das mütterliche Antlitz Gottes entdeckt, bleibt sie nicht stehen im Jammern über die mangelnde Zärtlichkeit, die sie bei ihrer Mutter erlebt hat, sondern verwandelt die Mangelerfahrung in eine Erfahrung von Fülle. Dazu hilft ihr ihre Spiritualität, die sie im Erforschen ihrer Freudenspur in der Kindheit nun bewusster praktiziert. Sie weiß nun, dass sie nicht irgendwelchen Anstrengungen von außen folgt, sondern den Ahnungen des eigenen Herzens, den Impulsen ihres göttlichen Kindes, das ihr ihren Weg durchs Leben sicher weist.

Immer, wenn ich bei Kursen die Aufgabe stellte, in der stillen Arbeit darüber nachzudenken, wo man sich als Kind wohl gefühlt hat und welche Wege man gefunden hat, um auf spannungsvolle Situationen zu reagieren und sich davon zu distanzieren, sprang bei den Teilnehmern etwas an. Da entdeckten sie auf einmal ganz neue Wege für sich, die sie weiter geführt haben als ein jahrelanges Kreisen um die alten Wunden.

Eine andere Frau erzählte mir, dass sie sich als Kind immer zurückgezogen habe, wenn es in der Familie Spannungen gab. Auf meine Frage, wie das denn ausgesehen hätte, kam ihr die Erinnerung, dass sie sich oft stundenlang auf die Schaukel gesetzt habe und hin- und hergeschwungen sei und dabei gesungen habe. Sie hat sich nicht in ein Schneckenhaus zurückgezogen, sondern sie hat sich durch das gleichmäßige Schaukeln innerlich beruhigt. Da konnte sie alles um sich herum vergessen. Da war sie mit ihrer eigenen Bewegung in Berührung. Sie hat aktiv auf die bedrückende Enge in der Familie reagiert. Das Schaukeln erinnert an den Mutterschoß oder an den Kinderwagen. Es beruhigt. Aber es ist auch ein aktives Tun. Ich gehe selber gut mit mir um. Ich lasse mich nicht von den anderen bestimmen. Und sie singt auf der Schaukel. Als Kind war sie unfähig, das, was sie spürte, in Wort zu fassen. Sie war sprachlos, wenn man sie schimpfte oder wenn es Konflikte gab. Im Singen fand sie Worte für das, was sie bewegte.

> Als Kind singend auf der Schaukel.

Im Singen drückte sie ihre Gefühle aus. Da konnte das Innere nach außen treten. Als die Frau mir diese Erinnerung erzählte, war sie verzweifelt, dass sich in ihr nichts bewege. Trotz Therapie und vieler Versuche, mit sich weiter zu kommen, hatte sie den Eindruck, neben dem Leben zu stehen. Sie konnte sich an nichts freuen. Wenn sie mit dem Fahrrad fuhr, litt sie nur an ihrer Einsamkeit, anstatt voll Freude die Wälder und Wiesen wahrzunehmen. Als Kind hatte sie eine Spur entdeckt, lebendig zu sein, sich am Leben zu freuen. Da hatte sie keinen Therapeuten gebraucht, der ihr zeigte, wie sie leben sollte. Da hatte sie den Therapeuten in sich. Mit diesem inneren Therapeuten, mit diesem göttlichen Kind, mit dem wahren Selbst müsste sie jetzt wieder in Berührung kommen. Dann geht es langsam weiter, dann wird sich etwas in ihr bewegen.

Die eigene Spiritualität entdecken

Wenn Menschen mit der Spur ihrer Lebendigkeit in Berührung kommen, dann hat das oft eine heilsamere Wirkung, als wenn sie immer nur in den Wunden der Vergangenheit herumwühlen. Dort, wo jemand sich lebendig fühlt, dort ist er auch voller Freude. Freude ist Ausdruck der Lebendigkeit. Es muss nicht immer eine überschäumende Freude sein. Es kann auch das stille Gefühl von Stimmigkeit sein oder ein Sich-wohl-Fühlen. Oder es kann eine kraftvolle Lust am Leben sein. Jeder hat in seiner Lebensgeschichte nicht nur Verletzungen und Defizite zu beklagen. Jeder hat irgendwann einmal Lebendigkeit erfahren. Mit dieser Lebendigkeit wieder in Kontakt zu kommen ist ein eminent therapeutischer Weg und zugleich ein spiritueller Weg. Denn nur auf diesem Weg kann jemand seine eigene religiöse Spur finden.

Für mich ist es in der Begleitung erstaunlich, immer wieder zu beobachten, wie Kinder von sich aus einen Weg zur Lebendigkeit und Freude finden. Sie haben in sich offensichtlich einen gesunden und kreativen Kern und ein Gespür dafür, was ihnen gut tut. Ihr göttliches Kind bleibt bei aller Kränkung unverletzt und weist ihnen den Weg, auf dem ihr ureigenstes Leben gelingen kann. Instinktsicher entwickeln sie auch in noch so verfahrenen Situationen eine Strategie, um sich von der destruktiven Macht alkoholkranker Väter oder depressiver Mütter zu befreien. Sie finden den Ort, an dem sie sich frei fühlen, an dem sie geborgen sind, an dem sie ganz sie selbst sind, einverstanden mit ihrem Dasein. Dort kann niemand sie verletzen, dort kann ihnen niemand Vorschriften machen. Spielerisch entwickeln Kinder ihre Weise der Selbsttherapie. Und spielerisch finden sie ihre eigene Spiritualität. Die Beschäftigung mit der Freude hat mich dafür hellhörig gemacht, solche spirituellen und selbstheilenden Spuren im Leben eines Menschen mehr zu beachten und von da aus Wege zu finden, die ihn heute weiter führen.

Ich erlebe in der geistlichen Begleitung oft, dass Menschen sich selbst beschuldigen, dass sie keine Disziplin hätten, dass sie sich jedes Mal vornehmen, morgens zu meditieren. Aber es gelingt ihnen einfach nicht. Sie haben viele Kurse besucht und spirituelle Bücher gelesen. Sie glauben, nun müssten sie das praktizieren, was sie gelesen und geübt haben. Aber sie nehmen oft zu wenig Rücksicht auf die Struktur ihrer eigenen Seele. Wenn jemand zu viel Energie darauf verwenden muss, sein geistliches Programm zu erfüllen, ist das für mich immer ein Kriterium, dass er sich einen spirituellen Weg übergestülpt hat, der für ihn nicht stimmt. Er hat sich in ein spirituelles System hinein gezwängt, ohne auf sich und die eigenen Gefühle und Ahnungen zu achten. Der Widerstand, der ihn daran hindert, seine geistlichen Formen zu praktizieren, zeigt, dass er gegen die eigene innerste Struktur lebt. Wer dagegen mit der Spur in Berührung gekommen ist, die er als Kind für sich entdeckt hat, um sich wohl zu fühlen, um Lebensfreude zu erfahren, der wird spirituelle Formen finden,

Die Freudenspur führt untrüglich zu Gott.

die er ohne große Anstrengung leben kann. Wenn unser ureigenstes Leben in uns aufblüht, dann braucht es zwar auch Achtsamkeit und Disziplin, aber wir müssen uns nicht immer wieder dazu zwingen, etwas zu tun, was unser Herz im Tiefsten gar nicht will. So ist die Freudenspur auch eine Spur hin zu der Spiritualität, die für mich stimmt, die aus meinem eigenen Personkern herauswächst und mich genauso untrüglich zu Gott führen wird, wie sie mich als Kind zum Leben gebracht hat.

Ein Märchen, das Freude macht

Als ich in den „Schönsten Märchen der Weltliteratur" nach einem Märchen suchte, das etwas über die Freude aussagt, stieß ich auf eines, das zwar auf den ersten Blick weniger tiefgründig ist und wohl kaum tiefenpsychologisch ausgelegt werden kann, das aber in mir selbst Freude hervorgerufen hat. Ich musste einfach lachen, als ich dieses niederländische Märchen „Wie ein Bauer dem heiligen Antonius seine Kuh verkaufte" zu Ende gelesen hatte. Es beginnt mit den Worten:

„Es war einmal ein ganz dummer Bauer, der eine kluge Frau hatte. Sie führte das Haus, kaufte und verkaufte, teilte die Arbeit auf dem Hof ein und sorgte dafür, dass nach wie vor alles bestens in Ordnung war. Aber eines Tage verletzte sie sich so an ihrem Fuß, dass sie nicht mehr gehen konnte und zu Hause bleiben musste. Nun sollte gerade eine Kuh verkauft werden, und es ging halt nicht anders, der Bauer musste mit der Kuh zum Markt gehen."[13]

Die Frau hatte ihn gewarnt, er solle die Kuh nicht unter 160 Gulden verkaufen, und er solle sich vor Kaufleuten hüten, die zu viel redeten. Denn die würden sowieso nicht kaufen. Sie brauchte das Geld unbedingt für den Pachtzins. Sonst hätte sie das Geschäft gerne verschoben, weil sie ihrem dummen Mann nicht zutraute, dass ihm der Verkauf gelingen würde. Auf dem Markt redeten viele Kaufleute auf den Bauern ein. Er dachte an seine Frau und gab die Kuh niemandem. So musste er seine Kuh wieder nach Hause bringen. Er hatte schon Angst seine Frau würde ihn wieder einen Dummkopf schimpfen.

„*Unterwegs kam er in einem Dorf an einer Kirche vorbei, die gerade geöffnet war. Nun ja, dachte er, da will ich mal hineinschauen; vielleicht finde ich dort noch einen Käufer. Nun ergab es sich, dass gerade an dem Tag eine Wallfahrt zum heiligen Antonius, dessen Statue in der Kirche stand, stattgefunden hatte, und deshalb war die Tür der Kirche noch offen. Aber es war schon so spät, dass kein Mensch mehr in der Kirche war. Das Bäuerchen ging mit seiner Kuh hinein und band das Tier an einer Kirchenbank fest. Er selber ging noch etwas weiter vor, denn er hatte da jemand gesehen, der ganz still stand und kein Wort sagte, nämlich die Statue des heiligen Antonius.*“

Da Antonius mit einem Schwein abgebildet war, hielt ihn der Bauer für einen Schweinehändler. Dass er so schweigsam war, das gefiel ihm gut. Nun beginnt er mit der Statue ein Gespräch. Er bietet ihr seine Kuh an. Aber als Antonius gar nicht antwortet, wird er böse und schlägt ihn mit seinem Stock.

"Da fiel dem Hannes ein Sack Geld vor die Füße. ‚Schön!' sagte er, ‚ich wusste ja, dass du meine Kuh kaufen würdest. Hättest du den Mund nur aufgetan, so hätte ich dich nicht geschlagen.' Zufrieden hob er das Geld auf, verließ die Kirche und kam nach Hause."

Dort wirft er seiner Frau das Geld hin und freut sich, dass sie ihm jetzt nicht mehr einen Dummkopf nennen könne. Die Frau wundert sich über das viele Geld. Hannes erzählt ihr nur, dass er die Kuh einem Schweinehändler verkauft habe, der ihm den Geldbeutel ohne auch nur zu feilschen vor die Füße geworfen habe.

Nachdem Hannes die Kirche verlassen hatte, kam der Küster, um die Türe zu schließen. Er sah die Kuh angebunden. Und er sah, dass all seine Ersparnisse, die er hinter der Statue des heiligen Antonius versteckt hatte, fort waren. Er holte den Pfarrer und erzählte ihm von seinem Missgeschick. Er hatte das Geld hinter der Antoniusstatue vor seiner Frau in Sicherheit gebracht, die das Geld sonst mit beiden Händen zum Fenster hinausgeworfen hätte. Der Pfarrer sagte, er solle die Kuh nehmen und seiner Frau erklären, dass sie ein Geschenk von ihm sei.

"Der Küster kam mit der Kuh nach Hause, und seine Frau staunte nicht wenig über solch ein großes Geschenk, zumal der Pfarrer sonst sparsam war und selber auch nicht gerade aus dem Vollen schöpfen konnte. Der Küster aber

nahm ihr jeden Zweifel, als er ihr sagte, dann solle sie nur selbst den Pfarrer fragen. Die Kuh kam in den Stall, die Frau hatte ihre Freude daran und versorgte sie gut. Die Arbeit machte ihr allmählich Spaß, und statt den üblichen Kaffeeklatsch zu halten oder von einer Nachbarin zur anderen zu rennen, war sie fortwährend mit der Kuh beschäftigt. Die Kuh gab viel Milch, denn es war ein gutes Tier, und die Frau, die früher leichtsinnig mit dem Geld um sich warf, wurde sparsam, als sie sah, wie schwierig es war, etwas zu verdienen. Auf die Art und Weise hatten sie bald Geld genug zur Seite gelegt, um noch eine zweite Kuh zu kaufen. Später kauften sie noch etwas Land, und heute ist der Küster ein wohlhabender Mann mit einem ganzen Stall Vieh und viel Land.

Auch mit dem Hof von Hannes ging es gut voran, als seine Frau über etwas mehr Geld verfügen konnte. Seitdem wagte sie es nicht mehr ihm vorzuwerfen, dass er dumm sei; auch wenn er nicht schlauer war als vorher.

Auf diese Art und Weise hatte der Verkauf der Kuh an den heiligen Antonius zwei Familien glücklich gemacht."[14]

Mein erster Eindruck beim Lesen war: Gott hat Humor. Durch das tollpatschige Verhalten des Bauern wird sein Leben gesegnet. Und selbst der, den er geschädigt hatte, wurde letztlich durch den Schaden reich beschenkt.

| *Gott hat Humor.*

Es waren weder Klugheit noch Frömmigkeit, die dem Bauern aus seiner misslichen Situation halfen. Er kannte sich mit Heiligen gar nicht aus. Er hielt den Mönchsvater Antonius, der mit dem Schwein dargstellt wird als Zeichen dafür, dass alles Unreine in ihm verwandelt worden ist, für einen Schweinehändler. Und trotzdem geschah für ihn ein Wunder. Seine Frau hat nun eine andere Meinung von ihm. Sie hält ihn nicht mehr für dumm. So können sie sich gemeinsam einen gewissen Wohlstand erarbeiten. Ihre Beziehung verwandelt sich von Grund auf, und so kommt auch ihr äußeres Leben in Ordnung. Der Küster war auch kein tugendhaftes Vorbild. Er hat das Geld vor seiner Frau versteckt. Und der scheinbar schlechte Tausch seiner ganzen Ersparnisse in eine Kuh bringt ihm trotzdem Segen. Seine Frau lernt durch das Geschenk der Kuh auf einmal arbeiten. Sie hat Freude an der Arbeit, und auf einmal wird das Leben dieses Ehepaares verwandelt. Es scheint alles Zufall zu sein, nicht unbedingt Ausdruck von Tugend und neuen Einsichten. Und trotzdem erleben beide Familien das Wunder der Verwandlung. Die Beziehung der Ehepartner wandelt sich. Jetzt arbeiten sie gemeinsam miteinander, ohne dass einer dem anderen etwas vorwirft oder verheimlicht. Statt Streit und Argwohn herrschen nun Freude und Frieden.

Freude als unvermutetes Geschenk

Die Frage ist, warum uns so ein Märchen anspricht und was es in uns auslöst. Offensichtlich weckt es in uns die Hoffnung, dass sich auch unser Leben verwandelt, dass sich auch bei uns alles richtig fügt. Und das Märchen bringt uns mit der Freude darüber in Berührung, dass Gott oft unverhofft und unmotiviert das Chaotische in unserem Leben ordnet und das Unstimmige stimmig macht, dass er die Last und Qual unseres Lebens in Freude und Fröhlichkeit verwandelt. Als ich das Märchen gelesen hatte, erinnerte ich mich an Gespräche, in denen mir Leute Ähnliches erzählten. Da hatten sie den Eindruck, sie würden alles falsch machen. Aber dann kam durch einen Zufall alles anders.

*Auf einmal konnten sie sich
wieder am Leben freuen.*

Auf einmal hat sich in ihnen etwas verwandelt. Ihr Leben bekam Sinn. Sie wurden nicht mehr verachtet. Sie hatten Erfolg. Ihre Stimmung wurde besser. Die Depression war vorbei. Auf einmal konnten sie sich wieder am Leben freuen. Manchmal entschuldigen sich dann die Gesprächspartner, dass sie das gar nicht verdient hätten. Es sei durch einen Zufall geschehen. Da hat sich eine Studentin durch eine Lügengeschichte in Schwierigkeiten gebracht und viele Freunde verloren. Sie lernt einen jungen Mann kennen. Und ihr Leben ordnet sich. Und alles wird gut. Gott ist nicht der, der jeden Fehler bestraft. Er kann manches zurechtrücken, was wir in falsche Bahnen gelenkt haben. Und er wählt oft humorvolle Wege, um unser Leben auf neue Bahnen zu führen. Er kann, wie das Sprichwort sagt, auch auf krummen Zeilen gerade schreiben. Freude ist also nicht immer Verdienst von tugendhaftem Leben, sondern oft unvermutetes Geschenk. Oft können wir bei Menschen erleben, wie sich auf einmal alles zum Besseren wendet, ohne dass sie selbst viel dazu getan hätten. Jetzt können sie sich ihres Lebens freuen. Da hören auf einmal Ehepaare, die sich das Leben jahrelang gegenseitig schwer gemacht haben, damit auf und leben friedlich miteinander, manchmal aus Einsicht, manchmal aber auch aus einem zufälligen Anlass. Da hat eine Frau Angst, dass die Mauern der neuen Wohnung hellhörig sind. Das genügt schon, dass sie achtsamer umgeht mit ihren Kindern und mit ihrem Mann. Da sieht ein Mann einen Film an, der vielleicht gar kein Niveau hat. Aber trotzdem wird er zum Anlass, sich auf einmal anders zu verhalten. So können zufällige Anlässe oder Vorurteile oder ungeschicktes Verhalten wie das des Bauern Hannes zum Wunder der Freude im Leben führen.

Die Kunst, sich zu freuen

Ein Märchen, das direkt von der Freude handelt, ist das von Hans Wohlgemut oder, wie es im Grimmschen Märchen heißt: "Hans im Glück". Da bekommt Hans als Lohn für seinen siebenjährigen Dienst einen Goldklumpen. Als er unterwegs einen Reiter sieht, spricht er ihn an:

"Ja, lieber Herr Reiter, unsereiner ist schlimmer daran als Ihr. Bei Euch geht es hoch zu Rosse, bei uns zu Fuße. Hab ich doch mein Lebtage noch nicht auf einem Pferd gesessen; bei meiner Treu, das Reiten muss ein herrliches Ding sein." "Ja, lieber Sohn", sprach der Reiter, "wir können tauschen! Gib her das Stück Gold und nimm dafür das Pferd." "Ach, mit tausend Freuden", rief der andre, sprang und klatschte in die Hände, und es fehlte nicht viel, so wäre er dem Pferde wie dem Reiter um den Hals gefallen. Seelenvergnügt trennten sich die Wandersleute."[15]

Das Pferd tauscht er schließlich gegen eine Kuh und die gegen ein Schwein und das gegen eine Gans ein. Und jedes Mal freut sich Hans über den scheinbar guten Tausch. Zuletzt tauscht er seine Gans gegen drei Wetzsteine, die ihm der Scherenschleifer gibt. Als er unterwegs Durst bekommt, legt er die Steine auf den Brunnenrand. Und da fallen sie ins Wasser.

„Und Hans, was tat er? Er kniete nieder, fast in Tränen schwimmend, und dankte Gott, dass er ihm das noch erwiesen hätte, was einzig zu seinem Glück gefehlt. So wahr Gott über mir lebt, bis heute hat es wohl keinen glücklicheren Menschen, als ich bin, gegeben! So sprechend, trollte er ohne die Steinlast, mit frohem Sinne neugestärkt nach Hause."[16]

Der scheinbar dumme Hans Wohlgemut ist doch der glücklichste Mensch. Er kann sich jedes Mal von neuem freuen. Das Märchen entbehrt nicht der Ironie. Beim Leser weckt es Mitleid oder auch Schadenfreude über den Wandersmann, der zuletzt alles verliert. Aber da ist noch eine andere Ebene. Vielleicht entspricht der Titel des Märchens „Hans Wohlgemut" oder „Hans im Glück", doch dem Wesen der Titelfigur. Vielleicht ist Hans doch der eigentliche Lebenskünstler. Gold allein kann den Menschen nicht glücklich machen. Gold steht für Reichtum und Besitz. Wer viel besitzt, wird davon leicht besessen. Das Gold tauscht Hans mit dem Pferd, das ein Bild für die Stärke ist, für Selbstbewusstsein und Erfolg. Auch das erfüllt den Menschen nur anfangs mit Freude. Irgendwann wird die Freude darüber schal. Die Kuh ist Bild der Fruchtbarkeit. Wenn unser Leben Frucht bringt, ist die Freude ein angemessener Ausdruck dafür. Aber auch die Frucht vergeht. Das Schwein ist Bild des vordergründigen Genusses,

Vielleicht ist Hans im Glück doch der eigentliche Lebenskünstler.

die Gans steht für den verfeinerten Genuss. Beides kann zur Freude führen. Aber wir können nicht immer genießen, wir können uns nicht immer über das Essen freuen. Schließlich tauschte Hans die Gans gegen die Steine des Scherenschleifers. Sie stehen für eine sinnvolle Arbeit, die Spaß macht und zugleich auch Geld einbringt. Auch die Arbeit kann zur Quelle der Freude werden. Aber auch von der Arbeit und vom Erfolg kann ich letztlich nicht leben. Es scheint schon paradox, dass Hans gerade dann, als er alles verloren hat, am glücklichsten ist. Was ist jetzt die Ursache seiner Freude? Er ist völlig frei. Nichts belastet ihn noch. Er ist ganz im Augenblick. Hinter dem tollpatschigen Verhalten steht ein Lernprozess, der den Leser mit Humor dazu führen will, das wahre Glück und die bleibende Freude zu finden. Wirklich freuen kann sich nur der, der sich über sich selbst freut, der sich über den Augenblick freut, der sich an seiner Freiheit, an seinem Leben, der sich am Schluck Wasser und an der frischen Luft freuen kann und der voll Freude nach Hause geht. Hier ist sicher nicht nur das Haus seiner Mutter gemeint, sondern letztlich das ewige Haus. Auf unserem Weg in die endgültige Heimat bei Gott können wir nichts mitnehmen. Wenn wir diesen Weg frei und froh gehen, dann haben wir die Quelle wahrer und dauernder Freude gefunden.

Ist Freude erlernbar?

Sowohl die Philosophie als auch die Psychologie zeigen uns zur Genüge, dass Freude etwas Erstrebenswertes ist, dass sie dem Menschen gut tut, dass der Mensch, wie Pascal sagt, für die Freude geboren ist. Aber die Frage ist, ob wir die Freude lernen können, oder ob wir uns einfach damit abfinden müssen, wenn wir eher depressiv veranlagt sind. Können sich unsere Emotionen wandeln, oder sind wir ihnen einfach ausgesetzt? Sind sie durch unsere Kindheitserfahrungen bedingt, oder können wir daran arbeiten, dass sich hemmende und blockierende Emotionen in bewegende und erhellende Emotionen wandeln? Es ist sicher zu billig, nur zur Freude aufzufordern mit dem Argument, es gäbe doch genügend Grund zur Freude. Man brauche doch nur die Schönheit der Natur zu betrachten, dann würde man sich schon freuen. Wer mitten in seiner Depression steckt, dem nützt der Hinweis auf die schöne Landschaft auch nichts, den kann ich durch keine Aufmunterung zur Freude animieren. Was soll ich tun, wenn ich voller Ärger bin, wenn ich Angst habe, wenn Eifersucht mich verzehrt? Wie soll ich mich freuen, wenn ein lieber Freund tödlich verunglückt ist? Wie soll in mir noch Freude sein, wenn die langjährige Partnerschaft zerbricht und ich keinen Boden mehr unter den Füßen spüre? Da helfen mir die Gedanken über die Freude wenig. Aber bin ich dann meinen negativen Emotionen hoffnungslos ausgeliefert? Gibt es einen Weg für mich, dass sich die Emotionen wandeln, dass mehr und mehr positive Emotionen mich bewegen?

Alle Gefühle zulassen

„Gefühle kann man nicht verbieten, sonst werden sie stärker! Sie sind da und fragen nicht nach Erlaubnis."[17] Das gilt gerade für solch belastende Gefühle wie Ärger und Wut, Angst und Traurigkeit, Eifersucht und Neid. Wenn ich solche Gefühle unterdrücke und frontal bekämpfe, entwickeln sie eine Gegenkraft, der ich nicht gewachsen bin. Ich kann solche Gefühle auch nicht einfach durch Freude ersetzen. Ich kann nicht sagen: Ich will mich nicht ärgern, ich will mich jetzt freuen. Besser ist, die Gefühle anzuschauen, sie zuzulassen, mit ihnen zu reden, nach ihrem Grund zu fragen: „Was willst du mir sagen? Worauf willst du mich aufmerksam machen? Wie bewertest du mit diesem Gefühl das Erlebte?" Vielleicht finde ich dann auf dem Grund meines Ärgers die Sehnsucht nach Verstandenwerden, nach Wohlbefinden, nach Freude. Vielleicht entdecke ich in meiner Emotion eine ganz bestimmte Wertung der Wirklichkeit. Die Frage ist, ob das die einzig mögliche Wertung ist, oder ob ich das Ganze auch anders sehen kann. Dann verbiete ich mir die Emotion von Ärger und Wut nicht. Aber ich gehe aktiv mit meinen Gefühlen um. So können sie sich wandeln. Sie haben mich nicht mehr im Griff.

Die Kirchenväter sahen in der biblischen Aufforderung zur Freude einen Weg, die Gefühle zu verwandeln und die Wirklichkeit mit neuen Augen zu sehen, mit Augen des Glaubens, die durch das vordergründig Vorhandene hindurchschauen und auf dem Grund der Wirklichkeit Gott erkennen. Wer mit solchen Augen des Glaubens auf die Welt schauen kann, stößt nicht nur auf Gott, sondern in seinem Herzen auch auf die Freude.

*Mit Augen des Glaubens
auf die Welt schauen.*

Er wird unterhalb seiner negativen Emotionen die Freude entdecken oder zumindest die Sehnsucht nach Freude.

Ein Priester erzählte mir, wie er oft bedrückt durch die Straßen seiner Pfarrei geht, wenn er seinen Abendspaziergang macht. Da sieht er dann die Schönheit der Landschaft gar nicht mehr. Er grübelt nur darüber nach, was heute schon wieder schief gelaufen ist, wo ihn ein Mitarbeiter missverstanden hat, in welche konfliktreiche Gemeinde er da geraten ist. Aber dann erinnert er sich immer wieder an die geistliche Begleitung, in der er gelernt hat, in jedem Augenblick achtsam zu sein. Er richtet sich auf und blickt umeher. So nimmt er bewusst die Berge wahr, die ihn umgeben, den See, an dem er entlang geht. Er hört die Vögel und das Rauschen der Wälder. Er lauscht der nächtlichen Stille. Dann steigt in ihm wieder Freude auf. Er spürt, dass er selbst Verantwortung für seine Gefühle hat. Er kann entscheiden, worauf er seinen Blick richten will, auf die negativen Ereignisse des Tages oder auf die Schönheit der Natur, die ihn umgibt. Das ist kein Verdrängen der Konflikte, sondern ein gesundes Sich-Distanzieren vom Alltag, um mitten in den Problemen auf das zu schauen, was ihn trägt, und mitten in den Grübeleien mit der Freude in Berührung zu kommen, die immer noch in seinem Herzen ist. Es ist der gleiche Weg, den *Henry Nouwen* empfiehlt, wenn er sagt: „Klöster baut man nicht, um Probleme zu lösen, sondern um Gott mitten aus den Problemen heraus zu loben." Im Loben komme ich mit der Freude in Berührung, die in mir ist. Ich verschließe die Augen nicht vor den Problemen, aber ich höre auf, mich auf sie zu fixieren. Ich kann mitten aus den Problemen heraus auf Gott schauen, der mich trägt. Dann verwandelt sich meine Stimmung. Ich bin offen für die Freude, die mich durchdringen möchte.

Freude drängt zum Tun

Emotionen „drängen uns, etwas zu tun beziehungsweise zu unterlassen, länger bei einer Sache zu bleiben, eine andere früher abzubrechen, zu wiederholen, was positive Gefühle in der Vergangenheit hervorbrachte. Es sind die großen

Lehrmeister im Leben. Wir werden nicht nur vom Wissen gesteuert, sondern wesentlich durch die Gefühle."[18] Ärger und Wut, Eifersucht und Neid, Traurigkeit und Angst drängen uns zu ganz bestimmten Verhaltensweisen, oft genug zu einem Verhalten, das andere verletzt, die Gemeinschaft zerstört, das Leben verhindert. Freude ist eine Emotion, die uns dazu antriebt, dem Leben zu dienen, in anderen Menschen Leben hervorzulocken. Freude treibt uns an, auf andere zuzugehen. Sie macht uns lebendig, weckt in uns neue Energie, lässt uns mit Lust an die Arbeit gehen, lässt uns mit Schwung den Tag beginnen. Die Frage ist, wie wir zu dieser Emotion kommen können. Wir können sie uns nicht befehlen. Aber wir können die Bedingungen schaffen, in denen Freude entstehen kann.

Was ist die Bedingung, dass ich mich freuen kann? Freude entsteht bei Erreichen eines Zieles. Wenn ich also daran arbeite, das gesteckte Ziel zu erreichen, kann ich in mir Freude auslösen. Oft aber ist die Freude nicht von unserem Tun abhängig. Freude überkommt uns, wenn uns ein Freund anruft, wenn uns jemand lobt, wenn uns etwas gelingt, wenn uns jemand ein Wort der Liebe sagt. Die Bedingung der Freude kommt hier von außen. Wir können es nicht beeinflussen, ob uns einer anruft oder nicht. Aber es liegt an uns, ob wir uns darüber freuen oder nicht. Von Zachäus heißt es im Evangelium: „Da stieg er schnell herunter und nahm Jesus freudig bei sich auf" (Lk 19, 6). Dass Jesus ihn angeschaut hat, dass er ihn so liebevoll und vorurteilsfrei angesprochen hat, das konnte er nicht beeinflussen. Aber ob er ihn freudig aufnimmt oder nicht, das ist seine Sache. Er hätte ja auch weiter jammern können, dass das doch alles keinen Zweck habe, er würde ja doch von allen abgelehnt, dass das von Jesus doch nur ein billiger Trick sei, um ihn „rumzukriegen". Es gibt Menschen, denen man schenken kann, was man will, sie können sich nie freuen. Sie sind in ihren Ansprüchen maßlos. Daher werden sie nie voll Freude jemanden aufnehmen können. Sie haben immer etwas auszusetzen. Sie nähren immer irgendwelche Zweifel in sich. Zachäus ist schnell heruntergestiegen von seiner Maßlosigkeit, von seiner Gier, immer mehr Geld zu verdienen. Um Freude zu erleben, müssen auch wir herabsteigen von unserem Beobachtungsposten, von dem aus wir alles nur aus der Distanz her beurteilen, der uns davor schützt,

*Herabsteigen vom Beobachtungsposten,
dorthin, wo das Leben pulsiert.*

uns wirklich auf das Leben einzulassen. Wir müssen hinabsteigen dorthin, wo das Leben pulsiert, dorthin, wo der Mensch steht, der uns das kostbare Angebot seiner Zuwendung macht. Wir müssen den freudig an die Hand nehmen und umarmen, der uns so liebevoll anschaut. Indem Zachäus sich ganz auf den Augenblick einlässt, indem er den aufnimmt, der ihn annimmt, wächst in ihm die Freude. Er lässt an sich geschehen, und er lässt sich ganz auf das Geschehen ein. Das sind wohl die Bedingungen dafür, dass uns die Freude mehr und mehr erfüllen kann.

Verantwortung für die eigene Lebenskultur

Um die Frage beantworten zu könne, ob Freude erlernbar ist, müssen wir erst bedenken, wie wir Emotionen überhaupt verändern und verwandeln können. Emotionen sind meistens Spontanreaktionen, die nicht ohne weiteres beherrscht werden können. Aber da wir mit unseren Emotionen auf ganz bestimmte Ereignisse und Erlebnisse reagieren, können wir zumindest bei der Auswahl der Ereignisse aktiv werden. Wir können uns das Leben selbst schwermachen, indem wir uns ständig um die negativen Seiten des Lebens kümmern, indem wir uns fixieren auf alle Skandale dieser Welt, indem wir uns immer wieder in Konfliktsituationen hineinbegeben, die uns eigentlich gar nichts angehen. Es liegt an uns, dass wir uns bewusst auch angenehme Dinge aussuchen, dass wir uns ganz bewusst einen Spaziergang gönnen, dass wir im Urlaub dorthin fahren, wo wir uns wohl fühlen, dass wir uns die Wohnung so einrichten, dass sie positive Gefühle in uns auslöst. Wir können natürlich nicht alle Ereignisse beeinflussen. Aber wir sollten uns doch fragen, ob wir nicht den Hang haben, uns immer wieder in schwierige Situationen hinein zu manövrieren. Es gibt Menschen, die sich unbewusst immer wieder die gleichen Situationen aussuchen, in denen die Verletzungen der Kindheit weiter gehen. Sie haben den Eindruck, dass das Leben schlimm sei, dass die Menschen so brutal seien und sie ständig verletzen. Aber sie suchen sich diese Situationen selber aus. „Jeder ist seines Glückes Schmied",

*Dafür sorgen,
dass man sich wohlfühlt.*

sagt das Sprichwort. Bis zu einem gewissen Punkt stimmt dieser Satz. Wir sind oft selbst verantwortlich für die Situationen, die wir uns aussuchen.

Ein Mann erzählte mir, dass er sich bei uns in der Abtei so wohl gefühlt habe und dass es ihm da über längere Zeit gut gegangen sie. Aber jetzt, daheim, falle er wieder in die alten Gleise. Da leidet er wieder an sich und seinen negativen Fantasien und Emotionen. Ich sagte ihm, dass er nun auch daheim in seiner gewohnten Umgebung dafür sorgen müsse, dass er sich wohlfühle. Er dachte kurz nach und kam dann selbst auf viele Gedanken, wie er das bewerkstelligen könnte. Er hat Lust, die Klassiker der Weltliteratur zu lesen. Und er hört gerne Musik. Da kann er sich fallen lassen und sich vergessen. Also liegt es in seiner Verantwortung, dass er sich die Bücher aussucht, die ihn gerade ansprechen, und dass er sich die Zeit nimmt, diese Bücher systematisch zu lesen. Das wird sein inneres Chaos ordnen und ihm Freude bereiten. Er ist selbst für seine Lebenskultur verantwortlich. Er hat es selbst in der Hand, sich eine Kultur zu schaffen, die ihm Freude macht, oder weiter in dem Chaos zu vegetieren, das in nach unten zieht und deprimiert.

Vom Recht, sich auch mal schlecht zu fühlen

Aber manchmal fallen auch Schatten auf unseren Weg. Wir werden – ob wir wollen oder nicht – mit dem Tod eines lieben Bekannten konfrontiert. Wir werden krank. Es wird etwas schief gehen. Die Situation in der Firma verschlechtert sich. Ein Kind geht andere Wege, als wir es uns vorgestellt haben. Wir machen uns Sorgen um den Sohn, der Drogen nimmt, und um die Tochter, die sich von ihrem Freund ausnutzen lässt. Sollen wir darauf mit Freude reagieren, wie es Johannes Chrysostomus empfiehlt? Das wäre doch eine Überforderung. Gefühle wie Schmerz und Trauer, Wut und Ärger gehören genauso zu unserem Leben wie Freude. Wir dürfen uns nicht unter Leistungsdruck stellen, ob wir immer froh sein müssten. Negative Gefühle gehören genauso zu unserem Leben wie die gehobenen Gefühle. Wir sollen sie zulassen, ohne sie zu bewerten. Wer Schmerz zulassen kann, der kann sich auch intensiver freuen. Wer die negativen Gefühle unterdrückt, weil sie ihm unangenehm sind, der wird auch nicht fähig sein, wirklich positive Gefühle zu zeigen. Bei Kindern, die den Schmerz und die Wut unterdrücken mussten, um überhaupt zu überleben, lässt sich häufig Gefühllosigkeit beobachten. Sie können sich dann auch nicht mehr freuen. Viele leiden als Erwachsene darunter, dass sie nicht weinen können. Sie spüren, dass Weinen sie auch dazu befähigen würde, sich wirklich zu freuen.

Manchmal fühlen wir uns traurig, ohne dass wir einen Grund in einem äußeren Ereignis finden. Wir wissen nicht, warum wir heute nicht gut gelaunt sind, warum uns irgendetwas nach unten zieht. Auch dann sollten wir uns nicht den Vorwurf machen, dass wir doch gar keinen Grund hätten für so ein negatives Gefühl, dass es anderen doch viel schlechter gehe, dass wir uns als Christen doch freuen müssten. Solche Vorwürfe bewirken in uns nur Schuldgefühle. Wir gehen davon aus, dass wir uns nicht schlecht fühlen dürften. Wenn wir uns aber schlecht fühlen, seien wir selbst daran schuld. Das ist eine falsche Grundannahme. Es gibt manche Darstellungen des positiven Denkens, die suggerieren, wir müssten alles positiv sehen. Das kann zu einem Leistungsdruck werden, der uns zwingt, alles Negative abzuspalten. Abspaltung aber macht krank. *Hazleton* hat ein Gegenbuch gegen die Sucht geschrieben, alles positiv sehen zu müssen: „Vom Recht, sich schlecht zu fühlen". Wir dürfen uns auch einmal schlecht fühlen. Das gehört genauso zu unserem Leben. Wir müssen uns alle Gefühle erlauben. Sie dürfen alle sein. Aber ich lasse mich von den Gefühlen nicht einfach bestimmen. Ich spreche mit ihnen, frage, was wohl die Ursache für dieses Gefühl sein könne, oder wie es sich eigentlich anfühlt. Dabei hilft ein Achten auf den Körper. Wo lokalisiert sich dieses Gefühl? Was begleitet das Gefühl? Ich komme in Berührung mit dem Gefühl, ich tauche in es ein und folge ihm bis auf den Grund. Dann kann es sich wandeln. Oder es klärt sich, was es eigentlich meint. Vielleicht bin ich so müde und depressiv, weil ich zu lange meine Wut unterdrückt habe, weil ich nicht Nein gesagt habe, sondern mich zu Besprechungen überreden ließ, bei denen ich sofort spürte, dass sie nichts bringen. Solche Gefühle sind wichtig. Denn sie spornen mich dazu an, mein Verhalten zu ändern. Emotionen bewegen mich zu einem neuen Handeln, zu einem Handeln, das für mich angemessen ist, das im Einklang mit mir selbst steht.

Die Neubewertung der Ereignisse

Emotionen bewerten die Ereignisse. Um die Emotionen ändern zu können, müssen wir genauer hinschauen, ob unsere Bewertung der Wirklichkeit stimmt. „Wir reagieren … nicht auf die Dinge, wie sie sind, sondern auf die Bilder, die wir uns von ihnen machen, und auf die Art, wie wir sie bewerten."[19] Ich ärgere mich über einen Mitarbeiter, weil er zu langsam ist, weil er etwas vergessen hat. Der Ärger ist ein

Impuls, mit dem anderen zu sprechen und sein Verhalten zu verbessern. Dann hat der Ärger seine Funktion erfüllt und hört auf. Wenn ich mich immer wieder über diesen Mitarbeiter ärgere, kann ich überlegen, ob andere Strategien nötig sind, damit er sein Verhalten ändern kann oder damit ein reibungsloser Ablauf in der Abteilung besser gewährleistet wird. Aber ich kann mich auch fragen, ob ich ihn falsch bewerte. Vielleicht kann er nicht anders, weil er mit sich selbst und mit seinen momentanen Problemen beschäftigt ist. Und ich kann mich fragen, ob sich mein Ärger dann wirklich lohnt. Ist es wirklich so schlimm, wenn er etwas langsamer ist oder wenn er etwas vergisst? Das ist doch sein Problem, das ich mir nicht aufladen muss! Wenn ich morgens aufwache und mich über den Regen ärgere, dann kann ich mich auch fragen, ob meine Bewertung des Regens stimmt. Wenn ich im Büro arbeite, ist es doch eigentlich unwichtig, ob die Sonne scheint oder ob es regnet. Vielleicht kann ich sogar effektiver arbeiten, wenn es nicht so heiß ist. Wenn ich gerade einen Ausflug geplant habe, macht mir der Regen zwar einen Strich durch die Rechnung, aber ich könnte mich ja auch darauf einstellen. Bei Regen durch den Wald zu gehen, hat auch seinen Reiz.

Wenn ich eine Bergwanderung geplant habe, kann der Ärger über den Regen durchaus berechtigt sein. Die Frage ist trotzdem, wie viel Raum ich dem Ärger gebe, ob meine Zufriedenheit allein vom Wetter abhängt oder ob ich kreativ mit den Dingen umgehen kann, die mir vorgegeben sind.

Wenn ich mit Fantasie auf den Regen reagiere, kann es ein schöner Ausflug werden mit viel Lachen und Freude. Da hängt es von mir ab, wie ich die Dinge bewerte.

*Kreativ umgehen
mit den vorgegebenen Dingen.*

Kohelet sagt nicht umsonst: „Alles hat seine Stunde. Für jedes Geschehen unter dem Himmel gibt es eine bestimmte Zeit ... eine Zeit zum Weinen, eine Zeit für die Klage und eine Zeit für den Tanz" (Koh 3, 1.4). Es geht also nicht darum, uns unter Druck zu setzen und zu meinen, wir müssten immer voller Freude sein. Aber wir sollten uns doch beobachten, wo wir uns selber nach unten ziehen, wo wir unsere Depressivität zelebrieren, wo wir so um uns kreisen, dass wir gar keinen Blick mehr für die Freude haben.

Ich beobachte in letzter Zeit gerade bei frommen Menschen, etwa bei Ordensleuten, öfter, dass sie nur noch um sich kreisen. Sie können nur noch über den negativen Zustand ihrer Gemeinschaft jammern, über die unmögliche Oberin und die aggressive Stimmung der Mitschwestern. Und sie lassen sich von diesem Jammern alle Energie und Lust am Leben rauben. Manchmal bewerten sie dann ihre Situation auch noch als Mitleiden mit Christus. Doch dieses Mitleiden führt sie nicht zum Leben, sondern in eine depressive Stimmung und in die Kraftlosigkeit. Es geht kein

Leben mehr von ihnen aus. Sie haben keine Fantasie und Kreativität, etwas anzupacken, etwas von der Frohen Botschaft in unsere Welt hinein zu vermitteln. Freude hat es mit Leben, mit Beweglichkeit, mit Strömen, mit Beziehung zu tun. Wer jammernd um sich selbst kreist, der merkt gar nicht, wie narzisstisch und egozentrisch er geworden ist. Er meint, er sei fromm. In Wirklichkeit verwechselt er Frömmigkeit mit narzisstischem Kreisen um sich selbst.

Freude hat für mich durchaus etwas mit Spiritualität zu tun, allerdings nicht in dem Sinn, dass wir als Christen doch erlöst aussehen und uns immer freuen müssten. Solche Ideale helfen uns nicht weiter. Aber das Thema Freude ist eine Anfrage an mich, ob ich ständig nur um mich kreise, ob ich anderen Menschen so viel Macht gebe, dass ich mich von ihnen vom Leben abhalten lasse, oder ob ich frei bin, mich dem Leben zu stellen, mich auf die Menschen um mich herum einzulassen und zu spüren, wie es ihnen gerade geht und was sie brauchen. Es ist schon eigenartig, dass Fromme, die die Nächstenliebe auf ihre Karte geschrieben haben, oft gar nicht fähig sind, sich auf einen anderen einzulassen, weil sie nur um sich selbst kreisen. Sie fühlen sich einsam. Sie tragen eine so schwere Last. Sie leiden mit Christus. Oder sie klagen, dass sie Gott nicht mehr so erfahren wie früher. Alles dreht sich nur um sie, und sie haben keinen Blick mehr für die Schönheit der Welt, aber auch nicht mehr für die Schmerzen der Menschen, die nach Linderung schreien.

Die Freude als Zeichen echter Spiritualität zeigt sich für mich nicht in lautem Lachen, nicht in der Fähigkeit, eine Gruppe zu unterhalten, sondern in der frohen Heiterkeit als Grundstimmung und in der Fantasie und Kreativität, die von einem Menschen ausgeht. Wer sich freut, der kreist nicht um sich. Er beobachtet nicht ständig seine Gefühle, sondern er lässt sich auf das Leben ein. Er lässt das Leben zu. Und Freude bewegt ihn zum Handeln. Das Handeln, das aus der Freude fließt, ist nicht beschwert von der Last der Pflichterfüllung. Es ist nicht gepaart mit dem Jammern darüber, wie schwer einem die Nächstenliebe oder die Arbeit fallen. Es strömt vielmehr aus einem heraus. Man hat Lust dazu, etwas anzupacken, dem anderen unter die Arme zu greifen. Das ist genau das Handeln, das Jesus im Blick hat, wenn er sagt: „Wenn du Almosen gibst, soll deine linke Hand nicht wissen, was deine rechte tut" (Mt 6, 3). Wenn ich aus der Lebensfreude heraus einem anderen helfe, dann reflektiere ich nicht darüber, ob ich jetzt das Gebot der Nächstenliebe erfüllt habe. Ich werde es mir selbst nicht vorrechnen und auch Gott nicht. Und ich werde es nicht herausposaunen, weil es keinen Grund gibt darüber zu reden.

Von Menschen, die froh sind,
geht etwas Heilendes und Befreiendes aus.

Es war einfach selbstverständlich. Von Menschen, die froh sind, geht etwas Heilendes und Befreiendes aus. Da finden

Menschen Hilfe, ohne dass sie den Eindruck haben, sie seien nur zur Dankbarkeit verpflichtet. Das Handeln aus der Freude hat den Geschmack von Leichtigkeit, von Geschenk und Gnade, von Lust und Freiheit. Das tut einem gut. Das hinterlässt kein schlechtes Gewissen und kein bohrendes Fragen, wie ich es dem anderen vergelten könne. Ich freue mich einfach über das, was der andere mir aus Freude geschenkt oder getan hat.

Der dritte Weg zur Freude

Um Freude zu erlernen, müssen wir, so das bisherige Ergebnis, einmal die Ereignisse beeinflussen, die Freude auslösen, zum anderen die Bewertung der Ereignisse ändern. Ein dritter Weg ist für mich noch wichtiger, um die Freude in mir zu stärken. Es ist der spirituelle Weg. Je tiefer meine Beziehung zu Jesus Christus wird, je öfter ich in den inneren Raum des Schweigens trete, in dem Gott in mir wohnt, desto mehr bekomme ich auch Anteil an der Freude, die mir niemand mehr nehmen kann. Auch geistliches Leben ist nicht nur Freude. Es schließt auch die Erfahrung der Wüste und der dunklen Nacht mit ein. Aber der innere Raum, zu dem uns das Gebet führen will, ist für mich auch der Raum tiefer Freude. Zwar spüre ich diese Freude nicht immer. Manchmal ist sie verborgen unter dem Ärger über unnötige Konflikte und über das eigene Unvermögen. Aber wenn ich in der Meditation in diesen Raum des Schweigens gelange, dann verbinde ich mit ihm nicht nur Liebe und Wärme, Heimat und Geborgenheit, sondern auch Freiheit und Freude. Freude ist nie allein zu haben. Sie ist die Schwester der Liebe. Für Paulus ist die Frucht des Geistes: „Liebe, Freude, Friede, Langmut, Freundlichkeit, Güte, Treue, Sanftmut und Selbstbeherrschung" (Gal 5, 22). Alle neun Früchte gehören innerlich zusammen. Sie sind Ausdruck des Heiligen Geistes, der das Herz durchdringt. Je mehr ich dem Geist Gottes in mir Raum gebe, desto mehr komme ich mit der Freude in Berührung, die in mir ist,

Die Freude, die in mir ist, ist letztlich göttlich.

unabhängig von der äußeren und inneren Situation, in der ich gerade stehe. Das gibt mir das Gefühl von Freiheit. Die Freude, die in mir ist, ist letztlich göttlich. Daher kann sie mir niemand streitig machen. Sie kann zwar getrübt werden. Aber sie ist unterhalb der Turbulenzen meines Lebens auf dem Grund meines Herzens immer vorhanden.

Gerade in Augenblicken meines Lebens, in denen es mir nicht gut geht, versuche ich, mit der inneren Freude in Berührung zu kommen. Dann habe ich das Gefühl: Es kann kommen, was will, diese innere Freude ist trotzdem in mir. Gott ist in mir. Und wo Gott ist, ist die Freude, die Ahnung, dass alles gut ist, die Freude darüber, ein Mensch zu sein, von Gott geliebt, mit Lebendigkeit und Fantasie begabt, ein freier Mensch, über den niemand Macht hat. Ich kann mich erinnern an eine Situation, in der ich mich von meinen Mitbrüdern nicht verstanden fühlte. Die erste Reaktion war Ärger und Enttäuschung. Und ich war auch in Gefahr, in Selbstmitleid zu versinken. Aber da spürte ich, wie viel Macht ich solchen Missverständnissen gab. Und ich merkte, wie gerade diese Erfahrung eine Anfrage an meine Spiritualität war. Kann ich nur geistlich leben, wenn ich von allen anerkannt und bestätigt werde? Lasse ich mich von den kritischen Äußerungen so nach unten ziehen, dass ich keinen Geschmack mehr am Gottesdienst und an meinem Leben als Mönch habe? Oder ist das eine Herausforderung, gerade nun in Christus meinen Grund zu sehen, auf den allein ich baue? Als mir in der Meditation solche Gedanken durch den Kopf gingen, war auf einmal die Ahnung da: Da ist in mir ein Raum der Freude, den mir niemand nehmen kann. Tief in mir ist eine Quelle von Lebendigkeit und Lebenslust, die stärker ist als alle Anerkennung und alles Verstehen von außen. Auf einmal hat mich das Missverstandenwerden nicht mehr gelähmt, sondern mich beflügelt, mit dieser inneren Freude in Berührung zu sein. Und ich konnte gerade in einer so lähmenden Situation auf einmal schreiben. Beim Schreiben strömen die Gedanken aus mir heraus. Da spürte ich, welche Kraft die Freude hat. Sie ist eine Energie, die fließen möchte, die stärker ist als alle Hindernisse von außen. So wie ein Wasserfall nach unten fließt, alles lockere Geröll nach unten reißt und die großen Felsen umströmt, so ist auch die Freude ein lebendiger Strom, der die in uns blockierten Energien mitreißt und sie wieder zum Fließen bringt. Sie lässt sich nicht aufhalten, sondern erreicht trotz aller Hindernisse unfehlbar das Ziel.

Die Freude an mir selbst

Hans Wohlgemut freut sich an sich selbst. In unserer christlichen Erziehung haben wir es manchmal verlernt, uns an uns selbst zu freuen. Wir haben unser Augenmerk allzu sehr darauf gerichtet, dass wir Sünder sind, dass wir so, wie wir sind, nicht richtig sind, dass wir uns ändern, umkehren, uns bessern müssen. Der Ruf zur Umkehr, mit dem Jesus seine Predigt beginnt, ist sicher wichtig. Denn oft genug sind wir in die Irre gegangen, haben dort Leben gesucht, wo es nicht zu finden ist. Aber die Bußpredigt darf uns nicht dazu verführen, nur als Büßer herumzulaufen, die sich ständig vorwerfen, dass sie alles verkehrt gemacht haben und sie Gottes Liebe nicht verdienen. Jesus beginnt seine Predigt mit der Zusage: „Die Zeit ist erfüllt, das Reich Gottes ist nahe" (Mk 1, 15). Er bietet uns die Fülle des Lebens an. Wenn Gott nahe ist und wenn wir uns in die Nähe Gottes stellen, dann kommt unser Leben in Ordnung, dann wird es mit einer neuen Freude erfüllt. Lukas schildert daher in seinem Evangelium, dass überall dort, wo Jesus auftauchte und Gottes menschenfreundliche Nähe nicht nur mit Worten, sondern mit seinem ganzen Verhalten verkündete, Freude herrschte. Wo Jesus wirkte, da war keine gedrückte Bußstimmung, keine Selbstentwertung und Selbstbeschuldigung, sondern da war die Ahnung, dass eine neue Lebensmöglichkeit angeboten wird, dass Freiheit und Freude unser Leben bestimmen könnten.

Kohelet als Botschafter der Freude

Die Freude an uns selbst wird – ganz ohne die uns so vertraute moralisierende Sicht – im Buch *Kohelet* propagiert. Der Verfasser des Buches *Kohelet* versucht, die griechische Popularphilosophie mit der jüdischen Weisheit zu verbinden.

Zeit des Lachens.

Er stellt einige jüdische Dogmen in Frage, etwa das Dogma, „dass gutes Handeln immer zu Glück und langem Leben, schlechtes zu Unglück und frühem Tod führen"[20] Die Fakten sind anders. *Kohelet* lädt uns ein, uns des Lebens zu freuen und die Freude des Augenblicks mit vollen Zügen zu genießen. Wenn die Freude sich anbietet, dürfen wir auch darauf vertrauen, dass Gott sie uns zugeteilt hat: „Iss freudig dein Brot und trink vergnügt deinen Wein, denn das, was du tust, hat Gott längst so festgelegt, wie es ihm gefiel. Trag jederzeit frische Kleider, und nie fehle duftendes Öl auf deinem Haupt. Mit einer Frau, die du liebst, genieß das Leben alle Tage deines Lebens voll Windhauch, die er dir unter der Sonne geschenkt hat, alle deine Tage voll Windhauch. Denn das ist dein Anteil am Leben und an dem Besitz, für den du dich unter der Sonne anstrengst" (Koh 9, 7–9). Kohelet ist nicht voller Euphorie. Er weiß, dass alles letztlich Windhauch ist, dass der Mensch weder auf dem Erfolg noch auf dem Besitz ausruhen kann. Und er weiß, dass es neben der Freude genauso auch Zeiten der Trauer geben wird. „Alles hat seine Zeit. Es gibt eine Zeit des Lachens und eine Zeit des Weinens" (Koh 3, 1ff). Aber solange Gott uns die Freude schenkt, sollen wir sie auch dankbar annehmen und bewusst genießen: „Freu dich, junger Mann, in deiner Jugend, sei heiteren Herzens in deinen frühen Jahren! ... Halte deinen Sinn von Ärger frei und schütze deinen Leib vor Krankheit; denn die Jugend und das dunkle Haar sind Windhauch. Denk an deinen Schöpfer in deinen frühen Jahren, ehe die Tage der Krankheit kommen und die Jahre dich erreichen, von denen du sagen wirst: Ich mag sie nicht" (Koh 11, 9f; 12, 1).

Freude an meiner Einmaligkeit

Die Freude an mir selbst ist einmal Freude an mir und einmal Einmaligkeit. Auch diese Freude kann ich lernen. Ich nehme mich bewusst wahr, wie ich bin,

Ich entscheide mich für mich selbst.

wie ich geworden bin. Ich sehe meine Lebensgeschichte mit ihren Höhen und Tiefen. Ich verschließe die Augen nicht vor den schmerzlichen Erfahrungen. Aber im Nachhinein kann ich auch dafür dankbar sein und froh, dass ich all das durchgestanden habe, dass ich jetzt so bin, wie ich bin. Freude hat hier auch mit Entscheidung zu tun. Ich entscheide mich für mich selbst. Ich erlaube mir, so zu sein, wie ich bin. Ich höre auf, mich ständig zu entwerten, mich mit anderen zu vergleichen. Ich bin ich. Ich bin von Gott geschaffen. Ich bin Gottes geliebter Sohn, Gottes geliebte Tochter. Neulich hatte ich einen Traum. Es war die Nacht vor dem Termin mit einem Vertreter einer Bank. Ich diskutierte im Traum mit dem Bankdirektor über gute Geldanlagen. Der Traum schloss damit, dass mir der Direktor eine weiße Karte gab, wie eine Visitenkarte. Auf der stand: „Du bist mein geliebter Sohn". Als ich erwachte, spürte ich, wie ich diesen Tag froh beginnen konnte, wie ich mich meines Lebens freuen konnte und wie ich Lust hatte an meiner Arbeit.

Freude an meinem Leib

Die Freude an mir ist für mich auch Freude an meinem Leib. Ich bin mein Leib. Das musste ich auch erst lernen. Bei Graf *Dürckheim* habe ich gelernt, dass ich nicht einen Leib habe, sondern mein Leib bin, dass ich mich in meinem Leib darstelle. Aber diese Worte fielen damals bei mir auf den

Boden meines Leistungsdenkens. So wie ich in der Arbeit etwas leisten wollte, so wollte ich jetzt leibbewusst leben, meinen Leib lockern, damit alle sehen, dass ich in Berührung bin mit meinem Leib. Aber das war eher anstrengend. Ich musste erst mein Leistungsdenken ablegen, um die Freude an meinem Leib zu lernen. Und ich musste erst frei werden von meiner Sexualerziehung, für die Nacktheit immer etwas Anrüchiges war. Jetzt kann ich mich an meinem nackten Leib freuen, wenn ich dusche, wenn ich danach noch nackt in meinem Bett liege. Es ist dann das Gefühl: Ich bin mein Leib. Und mein Leib gehört Gott. Gott hat ihn mir geschenkt. Ich freue mich an meinen Händen, weil ich mich in ihnen so lebendig fühle und viel damit ausdrücken kann. Meine Hände sind flink, wenn ich etwas anpacke, wenn ich auf meinem PC schreibe. Mit meinen Händen kann ich zärtlich sein, Trost spenden, Nähe schenken. Und mit meinen Händen kann ich beten. Wenn ich meine Hände vor Gott öffne, dann werde ich ganz eins mit mir, dann ahne ich, dass Gott die Sehnsucht eines Leibes nach Nähe und Zärtlichkeit erfüllt.

Die Freude an mir und meinem Leib nennt auch *Hildegard von Bingen* eine wichtige Quelle des gesunden Lebens. Für Hildegard bewirkt das harmonische Zusammenwirken von Leib und Seele im Menschen eine dauernde Freude. Sie lässt die Seele sprechen: „O Fleisch und ihr, meine Glieder, in denen ich Wohnung fand, wie freue ich mich von Herzen, dass ich in euch gesandt ward."[21] Die Seele freut sich, im

Leib zu wohnen. „Die Seele liebt ihren Leib und hält ihn für ein schönes Gewand und eine erfreulicht Zier."[22] Das ist eine andere Spiritualität

In Berührung kommen mit der ständigen Freude.

als die vieler Zeitgenossen *Hildegards,* die vom Kerker des Leibes sprachen. Sie sah den Leib positiv als eine Quelle der Freude. Und die Nahrungsmittel haben für Hildegard die Aufgabe, den Menschen mit Freude zu erfüllen. So schreibt sie vom Dinkel, dass er nicht nur den Leib gesund hält, sondern dass er den Menschen auch heiter und froh macht. „Alle Lebenskraft, die Gott in die Natur gelegt hat, soll uns helfen, gut zu leben und frohen Herzens wirken zu können."[23] Damit der Mensch aber in sich dauernde Freude spüren kann, braucht er auch Disziplin. So schreibt Hildegard vom Sinn ihrer asketischen Anweisungen: „Sinn dieser Anweisungen ist nicht, den Menschen Beschwerlichkeiten spüren zu lassen, vielmehr soll er immer nur Freude empfinden."[24] Das ist für mich eine gute Definition von Askese: Askese soll helfen, dass Freude der Grundton unseres Lebens ist. Askese will uns befreien von der bedrückenden Last unserer Gier und von unseren Launen. Sie will uns mit der beständigen Freude in Berührung bringen.

Ich erlebe so viele Menschen, die sich in ihrem Leib ablehnen. Sie haben nicht die Leibgestalt, die ihrem Idealbild entspricht. Sei meinen, sie würden den Erwartungen ihrer

Umgebung nicht entsprechen. Sie flüchten sich in den Kopf. Dort spielt sich alles bei ihnen ab. Aber oft genug haben sie dann auch Kopfweh. Sie überfordern ihren Kopf. Sie sollten den ganzen Leib bewohnen. Natürlich leide ich auch an meinem Leib, wenn er rebelliert, wenn ich Schmerzen habe, wenn er nicht mehr mitmacht. Aber auch dann läge es an mir, behutsam mit meinem Leib umzugehen, dankbar zu sein, wenn er mich auf meine Grenzen aufmerksam macht. Ich weiß aus eigener Erfahrung, wie demütigend es erst einmal ist, wenn der Leib streikt, wenn er mir einen Strich durch meine Rechnung macht. Ich habe keine Garantie, immer Kraft für die Arbeit zu haben. Und ich weiß nicht, wie lange ich in meinem Leib leben werde. So wenig wie ich über meinen Leib verfügen kann, so wenig kann ich die Freude darüber festhalten. Wie Kohelet sagt, soll ich mich freuen, solange ich gesund und vital in meinem Leib bin. Es gibt auch Tage, die ich lieber nicht sehen möchte. Manche können sich nicht freuen, aus Angst, die Freude werde ihnen schon im nächsten Augenblick genommen. Aber das ist eben unser Anteil, dass wir uns freuen, solange es Zeit ist, dass wir aber auch bereit sind, das von Gott anzunehmen, was weniger angenehm ist. Freude ist immer die Zustimmung zum Augenblick.

Zustimmung zum Augenblick.

Ich kann mich nur wirklich freuen, wenn ich auch bereit bin, sie wieder loszulassen. Wer Freude festhalten will, der vertreibt sie oder verhindert sie schon im Vorhinein.

Freude über meine Lebensgeschichte

Im Urlaub habe ich mit meinen Geschwistern Erinnerungen an die Kindheit ausgetauscht. Wir haben viel gelacht dabei. Natürlich war auch meine Kindheit keine heile Welt. Aber es gab so viele schöne Erlebnisse, so viel Fantasie und Lebendigkeit, so viel Freude und Lachen, dass die Erinnerung daran in uns allen neue Freude hervorrief. Es geht nicht darum, nur in der Vergangenheit zu leben und von der schönen alten Zeit zu schwärmen. Aber die Vergangenheit gehört zu mir. Freude heißt für mich auch Freude über meine Lebensgeschichte. In Seelsorgegesprächen höre ich da meistens nur ein Jammern, dass alles so schwierig war. Auch das hat seine Zeit, die Verletzungen der Kindheit anzuschauen, sie nochmals zu durchleben, um sich allmählich von ihnen verabschieden zu können. Aber genauso wichtig sind die Erinnerungen an die frohen Erlebnisse. Und die hat jeder in seinem Leben. Wir brauchen nur die Bilder aus unserer Kindheit und Jugendzeit anzuschauen. Da erkennen wir im Gesicht oft eine innere Freude, die Ahnung, dass das Kind in sich eine eigene Welt trägt, die von der negativen Stimmung um es herum nicht beeinträchtigt ist. Wenn mir

Menschen, die eine schwierige Kindheit hatten, ihre Kinderbilder zeigen, staune ich oft, wie sie als Kind trotzdem voller Lebensfreude waren. Da sehe ich in einem Bild, wie dem Kind der Schalk im Nacken sitzt, als ob es sagen wollte: „Ihr könnt mit mir machen, was ihr wollt: Ich bin ich. Ich lasse mich nicht kleinkriegen. Ich durchschaue euch. Ihr habt keine Macht über mich." Solche Erinnerungen können uns wieder mit der Freude in Berührung bringen, die trotz aller Kränkungen in unserem Herzen ist.

Die Freude am Tun

Freude ist für mich immer auch Freude an dem, was ich gerade tue. Wenn ich mich ganz darauf einlasse, dann ist es für mich nicht anstrengend, sondern es macht Freude. Wenn ich jetzt gerade schreibe, dann muss ich mich auch disziplinieren. Wenn die Gedanken nicht fließen, möchte ich am liebsten aufstehen und in die Bibliothek gehen, um dort herumzusuchen. Aber ich weiß, dass mir das nicht weiter hilft. Wenn ich mich ganz auf den Augenblick einlasse, dann fließt es meistens auch. Ich muss dann gar nicht so viel überlegen, was ich schreiben soll. Es geht einfach weiter. Ich habe Lust, neue Gedanken zu entwickeln. Wenn ich bei einem Seelsorgegespräch ganz dabei bin, dann ist es für mich keine Leistung, sondern es macht Spaß. Oft kommt dann eine Begegnung zustande, die mich selbst beglückt. Wenn ich entspannt im Gespräch bin, ohne Druck, die Probleme des anderen lösen zu müssen, dann entsteht oft eine Atmosphäre von Freude im Gespräch, dann lachen wir miteinander, wenn wir so manche Täuschungsmanöver und Fluchtversuche gemeinsam entlarvt haben.

Freude am Augenblick

Freude ist die Kunst, sich ganz auf den Augenblick einzulassen. Das ist leichter gesagt als getan. Ich merke heute Morgen, wie sich trotz aller Versuche, ganz gegenwärtig zu sein, immer wieder Gedanken einschleichen, die mich woandershin treiben. Gedanken, wie das heute Nachmittag mit der Besprechung sein wird, wie das am Wochenende mit dem Kurs gehen wird. Ich muss mir dann immer wieder sagen: „Es gibt nichts Wichtigeres, als gerade jetzt im Augenblick zu sein. Ich tue jetzt das, was ich tue." Dann verschwinden die störenden Gedanken wieder. Wenn ich im Augenblick bin, dann spüre ich meinen Leib. Jetzt im Augenblick spüre ich die Finger, wie sie über die Tasten gleiten. Ich spüre meinen aufrechten Sitz, bei dem ich ganz in mir ruhe. Und dann habe ich Freude daran. Natürlich kenne ich auch das Gegenteil. Ich schreibe und bin ganz woanders. Ich bin voller Unruhe, habe keine Lust zu schreiben. Ich möchte mich am liebsten verkriechen. Dann überlege ich, ob ich bewusst das Schreiben lassen und lieber ein Buch lesen soll, das mich interessiert, oder ob ich versuchen sollte, trotzdem dabei zu bleiben. Es hat keinen Zweck, wenn ich mich nur zwinge, weiter zu machen. Es gibt ja auch den berechtigten Wunsch, jetzt woanders zu sein und etwas anderes zu tun. Für mich ist es wichtig, nach innen zu horchen und zu spüren, was für mich jetzt stimmt. Und wenn es stimmt, stellt sich auch wieder die Freude ein.

Ich spüre, dass ich zu einem großen Teil selbst dafür verantwortlich bin, ob Freude in mir hochstiegt oder Ärger, Unruhe, Unzufriedenheit, Enttäuschung über mich und die ganze Welt. Aber auch wenn ich im Augenblick bin, kommt die Freude nicht automatisch.

Traurigkeit am Grund der Freude,
Freude am Grund der Traurigkeit.

Es kann auch sein, dass eine tiefe Traurigkeit mich befällt. Wenn ich die dann auch zulasse, dann ist sie kein Gegensatz zur Freude, dann ist sie nur die Kehrseite der Medaille. Sie gehört genauso zum Leben wie die Freude. Wenn ich meiner Traurigkeit auf den Grund gehe, wenn ich ihr dahin folge, wohin sie mich führen möchte, dann entdecke ich auf ihrem Grund die Ahnung von Getragenwerden und Geborgensein. Dann spüre ich die Schwere der Traurigkeit und auf ihrem Grund zugleich eine stille Freude. Ich bin einverstanden mit mir, auch mit meinen ungestillten Sehnsüchten, auch mit meiner Einsamkeit, auch mit meinem Nichtverstandenwerden.

Freude am Erfolg

Freude am Tun ist auch Freude am Erfolg. Manche geistlichen Schriftsteller neigen dazu, uns den Erfolg madig zu machen. Aber der Erfolg gehört auch zu unserem Leben. Natürlich kann ich mich auf meinem Erfolg nicht ausruhen. Wenn ich einen Vortrag halte und der Saal überfüllt ist, dann freut mich das. Aber ich weiß auch, dass ich davon nicht leben kann. Ich kann damit nicht angeben. Denn dann würde ich meinen Mitbrüdern nur auf die Nerven fallen. Ich nehme es wahr und freue mich. Aber ich weiß auch, dass alles vergänglich ist. Vielleicht ist es gerade eine Welle. Und im nächsten Jahr wird es schon wieder anders sein. Als Cellerar habe ich viele Neubauten initiiert und begleitet. Da spürte ich auch, welche Freude es macht, ein Bauwerk wachsen zu sehen. Und ich kann jeden Pfarrer verstehen, der Freude am Renovieren seiner Kirche hat oder am Neubau des Pfarrheims. Wenn mir ein Geldgeschäft gelingt, dann freue ich mich. Aber da ich nun seit zwanzig Jahren mit Geld umgehe und auch schon genügend verloren habe, weiß ich, dass die Bäume nicht in den Himmel wachsen, dass nach einem Gewinn auch wieder ein Verlust kommen wird.

*Lust am Tun
und Schaffensfreude.*

Trotzdem freue ich mich. Zur echten Freude gehört es aber auch, dass ich sie wieder lassen kann. Die Freude beflügelt mich, heute unbeschwerter und mit mehr Lust zu arbeiten als an einem Tag, an dem vieles misslungen ist.

Für *Aristoteles* und *Erich Fromm* hat Freude vor allem mit Kreativität zu tun. Wir freuen uns, wenn wir eine Arbeit gut geschafft haben, wenn wir sehen können, was wir heute geleistet haben. Noch größer aber ist die Freude, wenn wir kreativ waren, wenn uns eine gute Idee kam, wie wir die Arbeit anpacken und wie wir etwas lösen können. *Hildegard von Bingen* sagt von der Freude am schöpferischen Tun: „Die Seele hat ihre Freude daran, im Körper schöpferisch tätig zu sein."[25] Freude will sich im schöpferischen Tun ausdrücken. Jeder Künstler kennt die Freude an der Kreativität. Oft ist das Entstehen eines Kunstwerkes ja wie eine Geburt, die nur unter vielen Schmerzen geschehen kann. Aber wenn dann das Bild oder die Figur oder der Tonsatz oder das Gedicht entstanden ist, dann wird das Herz weit. Es gibt aber nicht nur die Freude nach der Geburt, sondern auch die Freude beim Entstehen. Ich freue mich am Gestalten, am Formen, am Schaffen. Der Prozess selbst ist lustvoll. Bei den afrikanischen Schnitzern, die unsere Abtei öfter besuchen, um bei uns zu arbeiten, kann ich diese Lust am Formen beobachten. Sie haben keinen Plan, nach dem sie schnitzen. Sie schnitzen einfach drauf los. Sie lassen das Kunstwerk unter ihren Händen wachsen.

Die Freude am Miteinander

Freude will geteilt werden. Es gibt die stille Freude, die ich in mir spüre. Aber Freude sucht auch die Gemeinschaft. Sie will mitgeteilt werden. Dann wird sie stärker. Das weiß jeder, der eine frohe Runde erlebt hat, in der voller Esprit erzählt wurde, in der man Lieder sang und miteinander spielte. Bei jedem Recollectiohauskurs machen wir einen Ausflug auf den Winkelhof im Steigerwald. Dort wandern wir zuerst, halten Gottesdienst, essen gut zu Abend und dann singen wir miteinander die alten Fahrtenlieder. Bei der Heimfahrt höre ich dann immer wieder, wie die Gäste sagen: „Das war heute so richtig schön." Als wir einmal Priesterseelsorger,

> *„Das war heute so richtig schön."*

Personalreferenten, Psychologen und Ordensfrauen ins Recollectiohaus eingeladen hatten, um gemeinsam über den Zölibat zu reden und wie wir ihn denn heute wirklich leben könnten, da saßen wir abends noch lange beim Wein zusammen. Es entstand eine so kreative und fröhliche Runde, dass sich alle wohl gefühlt haben. Offensichtlich hatte das tagsüber sehr engagierte Gespräch über die Möglichkeit, die Sexualität in sein geistliches Leben zu integrieren, die Lebenslust so gesteigert, dass diese fröhliche Atmosphäre möglich wurde. Sie hob sich ab von den vielen frustrierenden und resignierten Gesprächen über den Zölibat, die ich in der Kirche immer wieder erlebt habe. Integrierte Sexualität will sich in Lebendigkeit und Fröhlichkeit ausdrücken. Unterdrückte Sexualität dagegen erzeugt Härte, Missmut, Unzufriedenheit und Selbstgerechtigkeit, und oft drückt sie sich in schlüpfrigen Witzen aus, die dann eine peinliche Atmosphäre erzeugen.

Kirche als Miteinander in Freude

Lukas schildert die Urkirche in Jerusalem als eine Gemeinde, in der die Freude die eigentliche Grundstimmung war. Die ersten Christen „brachen in ihren Häusern das Brot und hielten miteinander Mahl in Freude und Einfalt des Herzens" (Apg 2, 46). Im Brotbrechen erlebten sie die froh machende Nähe Jesu, da war wieder die freudige Atmosphäre der vielen Mahlzeiten, die Jesus während seiner Wanderschaft mit ihnen gehalten hatte, in denen er Gottes Güte und Menschenfreundlichkeit nicht nur verkündet hatte, sondern erfahrbar werden ließ. Für Lukas ist die Freude eine Wirkung des Heiligen Geistes: „Die Jünger waren voll Freude und erfüllt vom Heiligen Geist" (Apg 13, 52). Vom Heiligen Geist erfüllt sein und von der Freude bestimmt sein, ist miteinander identisch. Die Freude ist Ausdruck der Erfahrung des Heiligen Geistes. Der Heilige

Geist selbst schafft sich eine neue Gemeinschaft, ein Miteinander von Juden und Griechen, von Herren und Sklaven, von Männern und Frauen, von Armen und Reichen, das von Freude geprägt ist.

Wenn wir unsere kirchliche Gefühlslage heute mit der Stimmung der frühen Kirche vergleichen, so müssen wir einen himmelweiten Unterschied konstatieren. In beiden Kirchen herrscht heute eher eine depressive Grundstimmung. Man hat das Gefühl, dass die Leute der Kirche immer mehr den Rücken kehren. Man jammert über den nachlassenden Kirchenbesuch und über das schwindende Interesse der Menschen an der Kirche. Oft genug zieht man sich gegenseitig durch depressive Gedanken nach unten. Man braucht nur einmal Pfarrertreffen oder Treffen pastoraler Mitarbeiter und Mitarbeiterinnen zu beobachten. Da ist von der Freude der Urkirche wenig zu spüren. Der orthodoxe Theologe *Alexander Schmemann* sieht im Verlust der Freude die Ursache, dass die Kirche die Menschen immer mehr verliert: „Allein die Freude hat die Kirche in der Welt siegreich gemacht, und sie verlor die Welt, als sie aufhörte, Zeuge der Freude zu sein."[26] Man hat den Eindruck, dass man sich in der Kirche heute gegenseitig allen Elan raubt. Die Energie, etwas Neues anzupacken und sich den Problemen der Zeit kreativ zu stellen, schwindet immer mehr. Man saugt sich gegenseitig aus. Falls jemand diese depressive Grundstimmung nicht mitmacht, wird er eher madig gemacht. Der verdränge nur alles. Der stelle sich der Wirklichkeit nicht. Natürlich ist es zu billig, die Kirchen einfach zur Freude aufzufordern. Denn schließlich ist die Lage der Kirche heute nicht sehr rosig, und wir können die Augen nicht verschließen vor negativen Tendenzen in der Kirche und in der Gesellschaft.

*Wir nehmen uns selbst
und einander den Schwung.*

Aber wir sollten uns auch nicht gegenseitig in eine depressive Stimmung hineinziehen. Denn das raubt uns alle Energie, die wir auch bräuchten, um uns den Herausforderungen unserer Zeit zu stellen. Für Lukas ist die Freude ein Kennzeichen dafür, dass der Heilige Geist im Menschen ist. Trauen wir dem heiligen Geist heute nichts zu, oder versperren wir uns seinem Wirken aus Angst, wir könnten uns zu leicht in Euphorie hineinsteigern? Oder kommt die Depressivität daher, dass wir meinen, wir müssten alles selber machen? Dann übersehen wir aber die Quelle des Geistes, die in uns sprudelt und nie versiegt, weil sie eben eine göttliche Quelle ist! Oder flüchten wir uns in das Jammern, um uns vor dem Antrieb des Heiligen Geistes zu schützen, der uns zum Engagement und zum Kampf aufrufen würde? Wir bleiben lieber auf dem bequemen Sofa sitzen und beurteilen von da aus die Lage der Dinge, anstatt aufzustehen und uns auf die Auseinandersetzung einzulassen.

Ich kenne solche depressiven Treffen kirchlicher Leute aus eigener Erfahrung. Als wir im Konvent in Münsterschwarzach Anfang der siebziger Jahre viele Austritte zu beklagen hatten, da war jedes Treffen nur noch von einem Jammern über den desolaten Zustand der Gemeinschaft geprägt. Anstatt uns aneinander zu freuen, zogen wir uns gegenseitig nach unten. Ja, es entstand ein Gruppendruck, möglichst alles negativ zu sehen. Davon wurde aber unsere Gemeinschaft nicht besser, und wir nahmen uns selber den Schwung, den wir gebraucht hätten, um frischen Wind in die Gemeinschaft zu bringen. Erst als wir uns persönlichen spirituellen Themen stellten, ohne die Augen vor der Realität zu verschließen, entstand allmählich eine bessere Stimmung. Und es änderte sich wirklich etwas in der Gemeinschaft. Trotz der Defizite, die wir an der Gemeinschaft so schmerzlich erlebten, konnten wir auf einmal auch sehen, welche Chancen in einer Gemeinschaft stecken und wie viele schöne Erlebnisse wir immer wieder miteinander hatten. Viel Lebendigkeit brach da auf, wenn wir miteinander um die Zukunft unserer Mönchsgemeinschaft rangen. Einer zitierte aus dem Psalm „Seht doch, wie gut und schön ist es, wenn Brüder miteinander in Eintracht wohnen" (Ps 133, 1). Der Austausch über diese positiven Erfahrungen hat das Klima unter uns wesentlich verwandelt.

Natürlich gibt es neben dem depressiven auch einen euphorischen Gruppendruck. Da muss man alles positiv sehen. Da setzt man sich unter spirituellen Leistungsdruck.

Es gibt in manchen spirituellen Kreisen die Übung, täglich zu erzählen, wo einem Gott begegnet ist und was er einem gesagt hat, wo er Wunder an einem gewirkt hat. Da bin ich auch skeptisch. Denn nicht jeder Tag ist wunderbar. Und manchmal gibt es eben auch Phasen, in denen man keine Wunder wahrnimmt und Gott nicht erkennt in den Ereignissen des Alltags. Bei solchen Erzählrunden habe ich oft den Eindruck, dass da ein ganz bestimmtes Muster abläuft: Zuerst muss man ganz gottlos sein, verdorben und völlig leer. Und auf einmal greift Gott vom Himmel her ein, und schon ist alles anders. Jetzt ist man auf einmal ganz von Gottes Geist erfüllt. Wer mit solch dramatischen Erzählungen nicht dienen kann, der bekommt dann ein schlechtes Gewissen. Oder aber er ärgert sich, weil er in der konkreten Wirklichkeit des Alltags beim anderen so gar nichts von dem Heiligen Geist spürt. Der andere bildet sich vielleicht ein, vom Heiligen Geist geleitet und voller Freude zu sein. Aber damit überspringt er nur seine Realität, die so geistlos ist. Und mit seinem freudigen Lächeln überspielt er nur den traurigen Gesichtsausdruck, der hinter seiner frohen Fassade lauert. Es geht immer darum, sich der ganzen Realität zu stellen. Denn wenn ich alles positiv sehen muss, dann macht das auch krank. Denn nicht alles ist wirklich positiv. Also muss ich wieder vieles in mir abspalten. Und jede Abspaltung führt zu psychischer oder oft auch körperlicher Krankheit. Auf dem Hintergrund der desillusionierenden Wirklichkeit sollten wir aber auch die Spur unserer Freude in unserem Leben wahrnehmen. Wenn ich diese Spur in meinem grauen Alltag entdecke, verwandelt sich nicht nur meine persönliche Stimmung, sondern ein Gruppengespräch kann auf einmal zu einer ganz neuen Erfahrung führen. Auf einmal entsteht eine Stimmung der Bejahung, des Einverstandenseins und der Dankbarkeit. Und die persönliche Freude wird verstärkt durch die Erfahrung, dass andere ähnliche Erfahrungen gemacht haben. Aber es muss immer ehrlich zugehen. Es darf nie zu einer manipulierenden Forderung werden, alles positiv sehen zu müssen.

Einander Freude machen

Vor ein paar Jahren starb mit 92 Jahren unser Bruder Coelestin. Er war ein Original. Immer hatte er ein witziges Wort auf der Zunge. Wenn ich Namenstag feierte, dann kam er noch bis in seine letzten Jahre hinein in mein Büro, las mir ein selbst verfasstes Gedicht vor und spielte mir auf seiner Trompete etwas vor. Als es mit dem Trompetenspielen nicht mehr ging, nahm er seine Mundharmonika und tanzte mir zu seinem eigenen Spielen etwas vor. Wenn ich mich dann bedankte, meinte er immer, es sei doch das Schönste, anderen eine Freude zu machen. Da wir in unserer Gemeinschaft etwa hundert Mönche sind, hatte Bruder Coelestin jede Jahr einige Auftritte ähnlicher Art. Das hielt ihn am Leben und machte ihm Freude. Und es erfreute auch viele Mitbrüder, dass da einer an sie dachte und sich die Mühe machte, ihnen etwas vorzutragen. Aber offensichtlich hatte er selbst die größte Freude daran.

Vielleicht mag da einer einwenden, der Bruder habe uns dazu benutzt, sich in den Mittelpunkt zu stellen und seinen Auftritt zu genießen. Unsere psychologischen Erkenntnisse über den hilflosen Helfer, der den anderen braucht, um sich selber stärker zu fühlen, haben unseren kritischen Blick für solche Situationen geschärft. Aber wir sind damit in Gefahr, in einen neuen Perfektionismus und Puritanismus abzugleiten. Ist es denn so schlimm, wenn es Bruder Coelestin selbst die größte Freude bereitet, andere zu erfreuen? Wenn da bei beiden Freude wächst, so liegt in diesem Tun doch Segen für alle. Bruder Coelestin blieb bis in sein hohes Alter hinein voller Humor und Lebensfreude. Er hat nicht nur leichte Stunden erlebt. Einmal erzählte er, immer wenn er manches zu tragen hatte, habe er den Rosenkranz gebetet und vor allem immer wieder über das Geheimnis nachgedacht: „Der für uns das schwere Kreuz getragen hat". Das habe ihm wieder Kraft gegeben. Weil er in seinem Alter nicht nur um sich und seine Krankheiten kreiste, weil er nicht dabei stehen geblieben ist zu jammern, dass er nicht mehr arbeiten konnte, wie er gerne gewollt hätte, sondern seinen Blick auf andere gerichtet hat, blieb er bis zuletzt lebendig. Er hat viel Zeit darauf verwendet, zu überlegen, womit er anderen eine Freude machen könnte. Das hat ihn selbst mit Freude erfüllt und ihn offensichtlich auch gesund gehalten.

Die Gefahr unserer Zeit ist, dass wir vor lauter Narzissmus gar nicht mehr sehen, was den Menschen in unserer Nähe gut täte.

Weg vom dumpfen Gefühl der Wertlosigkeit und Sinnlosigkeit.

Und wir übersehen damit auch, was wir selbst bräuchten. Denn wenn wir nur um unsere Bedürfnisse kreisen, werden wir niemals zufrieden sein. Die Bedürfnisse sind wie ein Fass ohne Boden. Wenn ich aber von mir wegsehe, wenn ich mich in die Menschen um mich herum hineinmeditiere und wenn mir dann spontan einfällt, was dem anderen gut täte und ihm eine Freude bereiten würde, dann bringt mich das von dem dumpfen Gefühl der Wertlosigkeit und Sinnlosigkeit weg. Ich habe auf einmal das Gefühl, für andere noch von Bedeutung zu sein. Ich kann anderen eine Freude machen. Ich kann etwas bewirken. Ich kann die Stimmung um mich herum verbessern. Und damit verwandle ich auch meine eigene Gefühlslage. Indem ich anderen eine Freude mache, wächst auch in mir wieder die Freude am Leben. Ich muss mir dann nicht den Kopf darüber zergrübeln,

Anderen Freude machen.

ob das jetzt egoistisch ist oder nicht, ob ich das nur tue, damit es mir selbst besser geht. Ich darf dem Gefühl trauen, dass es mir und den anderen gut tut. Das ist wohl ein inneres Gesetz der Freude, dass sie sich ausbreiten möchte, dass sie zum anderen hin strömt. Und indem sie zum anderen fließt, fließt sie auch auf mich zurück. Nach *Philipp Lersch* gehört zur Freude „wesensmäßig die Gebärde des Sichöffnens, des Umfassens und des Sichversenkens"[27]. Und das Sprichwort sagt: „Geteilte Freude ist doppelte Freude."

Eine amerikanische Untersuchung hat festgestellt, dass „Menschen, die anderen Menschen helfen, sich durchweg gesundheitlich besser fühlen als andere Personen ihrer Altersgruppe"[28]. Sie spricht vom „Helfer-Hoch". Wer anderen hilft und ihnen eine Freude macht, erlebt in sich „plötzliche Wärme, gesteigerte Energie und ein Gefühl der Euphorie". Offensichtlich wirkt die Bereitschaft, anderen eine Freude zu machen, positiv auf uns selbst zurück. Ich erlebe immer wieder Menschen, die sich grenzenlos freuen können, wenn es ihnen gelungen ist, anderen eine Freude zu machen. Das weckt in ihnen wirklich neue Energie und Fantasie, wie sie auch andere erfreuen könnten. Allerdings machen sie manchmal auch die Erfahrung, dass sie sich viel Mühe gemacht haben, einem etwas zu schenken, von dem sie sicher glaubten, dass es Freude auslösen würde. Und dann erleben sie Beschenkte, die sich über nichts mehr freuen können. Das wirkt frustrierend. Wenn Kinder die Geschenke zum Geburtstag nur noch danach vergleichen, was am meisten gekostet hat, dann haben sie die Fähigkeit verloren, sich wirklich zu freuen. Und dann fühlt man sich als Schenkender in einer misslichen Lage. Ich habe es erlebt, wie sich zwei Nichten am meisten über einen Brief zu ihrem Geburtstag gefreut haben. Dann macht auch das Schenken noch Spaß. Mir hat ein Ordensoberer geklagt, er wisse gar nicht mehr, was er den Mitbrüdern an Weihnachten schenken solle. Die hätten doch schon alles. Er könne ihnen gar keine Freude machen. In so einem Klima, in dem man ich nicht mehr freuen und anderen Freude bereiten kann, stirbt die Lebendigkeit und Kreativität. Da ist von Lust am Leben nichts mehr zu spüren. Lust am Leben erfahren wir, wenn wir die Fantasie aufbringen, anderen eine Freude zu bereiten, und wenn wir uns über eine Aufmerksamkeit anderer zu freuen vermögen.

Die Freude an der Schöpfung

Im Alten Testament gibt es viele Texte, die von der Freude an Gottes Schöpfung reden. Die Frommen freuen sich an der Schönheit der Schöpfung in die Gott sie gestellt hat. Im Psalm 104 zählt der Beter alles auf, wie Gott in seiner Schöpfung für Tiere und Menschen sorgt. Er lässt Quellen hervorsprudeln, an denen die Wildesel ihren Durst stillen. Da erklingt aus den Zweigen der Gesang der Vögel (Ps 104, 11f). Der Beter erlebt Gott als den, der voller Freude mit seiner Schöpfung spielt und sich seiner Werke erfreut. Und so antwortet er auf das wunderbare Spiel der Schöpfung: „Ich will dem Herrn singen, solange ich lebe, will meinem Gott spielen, solange ich da bin. Möge ihm mein Dichten gefallen. Ich will mich freuen am Herrn" (Ps 104, 33f). Im Dichten ahmt der Psalmist Gott nach. Im Griechischen lauten die Worte für Schöpfung und für Dichtung gleich: Poiesis. Genauso schön, wie Gott die Welt erschaffen hat, will der Dichter über diese Welt singen. Die Schönheit seines Lieds soll die Schönheit der Welt zum Klingen bringen.

Die vielen kleinen Freuden des Alltags

Dem, der einen Blick für die Schönheit der Schöpfung hat, bieten sich täglich tausend Gelegenheiten zur Freude. Schon wenn ich in der Frühe das Fenster öffne, kann ich mich freuen an der frischen Luft, die mein Zimmer durchdringt. Oder wenn die Sonne gerade aufgeht, kann ich mich am milden Morgenrot freuen. Wenn ich durch die Natur gehe, kann ich die Schönheit der Blumen und der Gräser wahrnehmen, die Vielfalt der grünen Farben, die ich in einem Wald entdecke. Ich spüre den Wind, der mich zärtlich streichelt oder mich stürmisch durchweht. Ich rieche den Duft, der von den Tannen ausgeht oder von dem Heu, das auf der abgemähten Wiese liegt.

Schönheit
und der Duft von Heu.

Jeder Geruch erinnert mich an intensive Erfahrungen, die ich einmal mit ähnlichen Düften gemacht habe, und weckt die Emotionen in mir, die ich damals gespürt habe. Der Geruch von Heu löst in mir immer das Gefühl von Urlaub und Ferien aus. Auch wenn ich zur Arbeit fahre, zu Besprechungen oder zu Vorträgen, kann mir so ein Heugeruch mitten in der Arbeit das Gefühl von Urlaub vermitteln. Wenn ich zu einem Vortrag oder Kurs fahre, nehme ich die Schönheit der Landschaft wahr, durch die ich komme. Jede Landschaft hat ihren eigenen Reiz, die Weite der Ebenen, die Majestät der Berge, das liebliche Tal, durch das sich der Fluss schlängelt, der See, der sich in die Hügel hineinschmiegt. Ich muss mich da nicht künstlich in Freude versetzen. Ich muss nur bewusst wahrnehmen, was ist. Dann ist in mir Freude.

Viele sind heute unfähig zu solcher Freude. Ihr Blick hat sich so auf die eigenen Probleme fixiert, dass sie vor lauter Jammern über die eigene Situation gar nicht sehen, wie schön die Welt um sie herum ist. Sie sehen nicht, was ist. Und sie sind nicht in Beziehung zur Schöpfung, in die sie eingebettet sind. Freude ist Ausdruck einer intensiven Beziehung. Und Freude hat immer mit Schönheit zu tun. Die Schönheit der Schöpfung erzeugt von selbst in mir Freude. Aber es braucht auch Offenheit dafür. Wenn ich bewusst die Schönheit der Schöpfung wahrnehme und mich daran freue, dann ist das gesundheitsfördernd, dann tut das nicht nur dem Leib, sondern auch der Seele gut, dann werden meine Augen leuchten und das Leben in mir aufblühen. Ich habe dann nicht den Eindruck, das Leben sei eine Last. Ich denke dann nicht an den Termin, den ich wahrnehmen muss, sondern genieße die Farben der Bäume und Sträucher, das frische Grün im Frühling und das leuchtende Gelb und Rot im Herbst. Dann wird mein Herz weit. Wenn ich während einer Autofahrt nur daran denke, ob ich rechtzeitig zum Vortrag komme, dann strenge ich mich die ganze Zeit über an. Wenn ich dagegen die Schönheit der Landschaft beachte, dann habe ich in mir immer das Gefühl von Urlaub, von Freiheit und Weite, von Freude und Dankbarkeit.

Naturerfahrung als Gotteserfahrung

Wenn die Freude an der Schöpfung immer auch Freude an Gott ist, dann darf man intensive Naturerfahrungen durchaus Gotteserfahrungen nennen. Und wenn manche Menschen gerade in der Natur sich Gott am nächsten fühlen, dann würde ich das nicht gleich abqualifizieren und auf den Gottesdienst als den eigentlichen Ort der Gottesbegegnung verweisen, so wie es in meiner Jugend üblich war. Ich würde aber die Erfahrungen von Wasser, Wiesen, Wald und Bergen genauer anschauen, die mir andere beschreiben als den Ort, an dem sie sich Gott am nächsten fühlten. Eine junge Frau, die wenig mit Meditation anfangen konnte, erzählte, dass sie sich selbst vergessen könne, wenn sie am Meer sitzt. Dann fühle sie sich eins mit Gott. Ich fragte sie, was es genau sei, was sie so fasziniere. Sie erzählt, sie würde die Wellen beobachten.

Das Geheimnis spüren.

Das sei so beruhigend. Da würden die vielen Sorgen zur Ruhe kommen, die sie sonst quälen. Und manchmal, wenn die Wellen sich brechen, da spüre sie das Geheimnis. Ich fragte sie, welches Geheimnis das sei. Sie meinte, das Geheimnis an sich, etwas Geheimnisvolles, das sie nicht näher beschreiben könne. Aber es sei für sie so wunderbar. Es sei ihre tiefste Sehnsucht, das, was sie sieht, einmal so malen zu können, dass es die Realität wirklich trifft. Dann habe sie das Gefühl, in ihr sei etwas, das niemand mehr verletzen könne. Dann sei sie in Berührung mit dem Eigentlichen. An der Art und Weise, wie sie darüber sprach, spürte ich, dass das für sie wirklich eine spirituelle Erfahrung war. Für mich geht es nicht darum, die Freude an der Schöpfung nur als sekundär zu sehen und die eigentliche Gottesbegegnung in das Gebet zu verlagern. Jeder hat seinen Ort, an dem er Gott am intensivsten erfährt.

Wenn Gott die Freude ist, dann ist das Erlebnis intensiver Freude immer auch Gotteserfahrung. Viele meinen, sie seien nur dann fromm, wenn sie sich extra zum Gebet oder zur Meditation hinsetzen. Aber wenn die Freudenspur immer auch die spirituelle Spur ist, dann genügt es, die Erfahrungen von Freude bewusst anzuschauen und zu Ende zu denken. Was erlebe ich eigentlich, wenn ich in der Tiefe meines Herzens froh bin? Was löst diese Freude aus? Geistliches Leben bedarf sicher auch der Disziplin. Aber wenn Spiritualität vor allem darin bestünde, sich feste Gebetszeiten und den Besuch von Gottesdiensten aufzuerlegen, dann wäre sie zu sehr von außen übergestülpt. Und sie würde auf Dauer nicht zu leben sein. Wenn ich dagegen der Spur der Freude folge, dann werde ich genau die Spiritualität finden, die für mich stimmt, die Ausdruck meiner tiefsten Sehnsucht und meiner Beziehung zu Gott ist.

Freude und Gesundheit

Dass Freude dem Menschen gut tut, das weiß nicht nur die Psychologie, sondern auch die Medizin. Der amerikanische Medizinprofessor *Herbert Benson* hat in einem Forschungsprojekt nachgewiesen, dass „erinnertes Wohlbefinden" den Menschen nach einer Operation schneller gesund werden lässt und dass es sich überhaupt positiv auf seine Gesundheit auswirkt[29]. Freude entspannt den Menschen und schont daher seinen Körper, der sich durch zu viel Anspannung leicht überfordert, so als ob jemand sein Auto im 3. Gang ständig mit Höchstgeschwindigkeit fahren möchte. Wir wissen heute, welch starken Einfluss Gedanken und Stimmungen auf unsere Gesundheit haben. Wer sich ständig durch negative Gedanken nach unten zieht, der hat auch weniger Widerstandskraft gegen Infekte. Wer der Freude in sich Raum gibt, der kann lockerer über manche Belastungen hinweggehen, den wird nicht jede Grippewelle niederstrecken.

Die Weisheit der Bibel

Was die Psychologie und die Medizin heute beschreiben, das hat die Weisheitsliteratur des Alten Testaments schon vor 2500 Jahren erkannt. Da wird vor allem im Buch der

Sprichwörter die erhellende und gesundmachende Funktion der Freude gepriesen: „Kummer im Herzen bedrückt den Menschen, ein gutes Wort aber heitert ihn auf" (Spr 12, 25). Hier werden psychologische Beobachtungen über die Freude in die spirituelle Unterweisung integriert. Kummer zieht den Menschen nach unten. Freude heitert ihn auf. Sie macht Leib und Seele hell. Freude macht den Menschen schöner: „Ein fröhliches Herz macht das Gesicht heiter" (Spr 15, 13). Ein Sprichwort sagt, nach vierzig sei jeder für sein Gesicht verantwortlich. Vielen Menschen sieht man an, dass sie ihr Gesicht durch Verbitterung entstellt haben. Ihr Gesicht ist hart und kalt geworden. Bei anderen sieht man die Freude aus den Augen blitzen. Solchen Menschen sieht man gerne ins Gesicht. Sie sind schöner als andere, die vor Ärger und Bitterkeit erstarrt sind, auch wenn sie als Kinder noch so ein schönes Gesicht hatten.

Wer dem Kummer zu viel Raum gibt, der verletzt sich selbst, der macht sich selbst das Leben schwer:

Ein fröhliches Herz tut dem Leib wohl.

„Der Bedrückte hat lauter böse Tage, der Frohgemute hat ständig Feiertag" (Spr 15, 15). Die Freude verändert nicht nur das Aussehen, sie ist gut für den ganzen Leib: „Ein fröhliche Herz tut dem Leib wohl, ein bedrücktes Gemüt lässt die Glieder verdorren" (Spr 17, 22). Wer sich freuen kann, fühlt ich auch in seinem Leib wohl. Und dieses subjektive

Wohlbefinden wirkt auch gesundheitsfördernd auf den Leib. Wer sich dagegen vor Ärger und Sorgen niederdrücken lässt, der kann auch seinen Leib nicht lieben. Er hat das Gefühl, neben sich zu stehen. Er steht nicht im „Saft des Lebens", er trocknet vielmehr ein und verdorrt. Die Freude, von der die Sprichwörter sprechen, meint die Freude an den Dingen des Alltags, die Freude am Genießen. Aber der letzte Grund der Freude ist die Weisheit, die Gott dem Menschen verleiht. Wer sich von Gott den Weg weisen lässt, dessen Leben gelingt, dessen Herz wird froh und dessen Leib wird gesund. „Herzensfreude ist Leben für den Menschen, Frohsinn verlängert ihm die Tage ... Neid und Ärger verkürzen das Leben, Kummer macht vorzeitig alt. Der Schlaf des Fröhlichen wirkt wie eine Mahlzeit, das Essen schlägt gut bei ihm an" (Sir 30, 22.24f). Hier wird das Wissen des Volkes um die gesundmachende Funktion der Freude als Weisheit gepriesen, die Gott selbst dem Menschen schenkt.

Freude als Antriebsfeder

Diese Beobachtungen der jüdischen Weisheitsliteratur entsprechen durchaus den Einsichten heutiger Psychologie. So schreibt *Heinz-Rolf Lückert* in der Psychologie des 20. Jahrhunderts: „Allem Anschein nach ist der Mensch biologisch eher auf Freude als auf Missmut eingestellt: Im Gefühl der Freude gelingt uns mehr; wir lösen Probleme leichter;

wir kooperieren leichter; wir nehmen besser wahr."[30] Was geschieht, wenn wir uns freuen? Das Herz weitet sich. Es entsteht ein Gefühl von Leichtigkeit, von Stimmigkeit, von Zustimmung zum Sein. Das deutsche Wort Freude kommt von einer Wurzel, die zugleich „erregt, bewegt, lebhaft, schnell" bedeutet. Freude lässt den Puls schneller schlagen. Sie bringt die Energie im Menschen zum Fließen. Alles geht schneller von der Hand. Wer innerlich so voller Leben ist, der ist heiter und vergnügt. Alles fällt ihm leicht. Die Erdenschwere schwindet. Er spürt etwas von der Leichtigkeit des Seins. Der Autor der Sprichwörter hatte ein feines Gespür dafür, dass die Freude sich auch im Leib positiv auswirkt. Wir drücken unsere Freude ja auch im Leib aus. Wir machen Luftsprünge, wir lachen, wir singen, die erstarrten Gesichtsmienen lösen sich. Es wird etwas locker in uns. Auf einmal haben wir mehr Energie. Wir fühlen uns wohl. Wir könnten die ganze Welt umarmen. Wir fühlen uns von den Menschen nicht mehr bedroht, sondern im Gegenteil, wir suchen ihre Nähe, wir brauchen die anderen, um unsere Freude auszudrücken. Freude drängt uns aber nicht nur zur Gemeinschaft, sondern auch zur Tat. Die Freude ist die beste Motivation, etwas Neues anzupacken, kreativ zu sein

Freude ist die beste Motivation.

und neue Wege zur Lösung alter Probleme zu beschreiben. All diese Wirkungen hat auch *Friedrich Schiller* in seiner berühmten Ode an die Freude „Freude, schöner Götterfunken" gesehen. Da beschrieb er, wie die Freude zur Antriebsfeder alles kreativen Handelns wird:

„Freude heißt die starke Feder
In der ewigen Natur.
Freude, Freude treibt die Räder
In der großen Weltenuhr.
Blumen lockt sie aus den Keimen,
Sonnen aus dem Firmament,
Sphären rollt sie in den Räumen,
Die des Sehers Rohr nicht kennt.
Froh, wie seine Sonnen fliegen
Durch des Himmels prächtigen Plan,
Wandelt, Brüder, eure Bahn,
Freudig wie ein Held zum Siegen."

Wenn die Psychologie als Kriterien für die Gesundheit eines Menschen die Emotionsfähigkeit, Beziehungs- und Leistungsfähigkeit nennt, dann erfüllt die Freude alle drei Bedingungen. Sie ist die Emotion, die uns zum Handeln bewegt und die uns in Beziehung bringt zu den Menschen. Sie ist die Emotion, die innere Spannungen auflöst, die das Leben in uns zum Strömen bringt, die alles in uns miteinander verbindet, die Leib und Seele miteinander vereint. Sie ist daher eine Quelle von Gesundheit. Wir sind dafür verantwortlich, ob wir uns von negativen Gedanken ständig nach unten ziehen lasen, oder ob wir uns von der Freude zum Leben und zur Gesundheit anstiften lassen. Natürlich kann Freude nicht jede Krankheit verhindern. Krankheit gehört genauso zum Leben wie die Gesundheit. Aber es liegt an uns, ob wir uns immer wieder selbst kränken durch Selbstverletzung und Selbstverneinung, oder ob wir uns innerlich stärken durch die lebensbejahende Kraft der Freude.

Freude und Liebe

Die Weisheitsliteratur des Alten Testaments lädt uns ein, uns über alles, was Gott uns schenkt, zu freuen, an der Frau unserer Jugend, die uns mit ihrer Schönheit entzückt (Spr 5, f18), an den Kindern, die Gott uns gewährt, an der Klugheit unseres Sohnes (Spr 10, 1), am Erfolg der Arbeit, an einer guten Ernte. Die größte Freude, die Gott dem Menschen geschenkt hat, ist für das Alte Testament die Freude an der Liebe zwischen Mann und Frau. Das Hohelied besingt die Freude an der Liebe zwischen Braut und Bräutigam: „Wie schön ist deine Liebe, meine Schwester Braut; wie viel süßer ist deine Liebe als Wein" (Hl 4, 10). Freude und Liebe hängen eng miteinander zusammen. Wer verliebt ist, der spürt, wie er von einer frohen Grundstimmung getragen ist.

> *„Wie schön ist deine Liebe,*
> *meine Schwester Braut."*

Ja, er kann mit dem Liebhaber des Hohenliedes sprechen: „Verzaubert hast du mich, meine Schwester Braut, ja verzaubert mit einem Blick deiner Augen" (Hl 4, 9). Für ihn ist der Winter eisiger Gefühle vorbei: „Auf der Flur erscheinen die Blumen: die Zeit zum Singen ist da" (Hl 2, 12). Das Alte Testament besingt diese Liebe zwischen Mann und Frau ganz offen und kann sich darüber freuen. Es ist nicht getrübt durch eine enge Moral, wie sie im Christentum die Freude an der Liebe zwischen Mann und Frau oft genug behindert hat. Für das Alte Testament ist die Liebe das größte Geschenk Gottes an den Menschen.

In der Liebe zwischen Mann und Frau erfahren wir zugleich, wie Gott zu uns steht, dass Gott uns genauso liebt. „Mit ewiger Liebe habe ich dich geliebt", sagt Gott seinem Volk (Jer 31 3). Und er vergleicht seine Liebe zum Volk mit der Jugendliebe eines jungen Mannes: „Kann man denn die Frau verstoßen, die man in der Jugend geliebt hat?, spricht dein Gott. Nur für eine kleine Weile habe ich dich verlassen, doch mit großem Erbarmen hole ich dich heim" (Jes 54, 6f). Freude und Liebe bilden eine innere Einheit. Beide haben mit Lebenssteigerung zu tun, mit einer intensiven Erfahrung von Leben. Leben ohne Liebe ist nicht denkbar. Und daher gehört zum wahren Leben auch die Freude. Ein freudloses Leben ist halbiertes und reduziertes Leben.

Wenn sich für den alttestamentlichen Frommen seine Frömmigkeit vor allem in der Freude an Gott und an der Liebe, die Gott ihm geschenkt hat, ausdrückt, dann lädt uns dieses Verständnis von Frömmigkeit dazu ein, unsere Spiritualität einmal genauer anzuschauen. Ist sie geprägt von einem freudlosen Leistungsdruck, von Angst, Gott und dem eigenen Anspruch nicht gerecht zu werden, von dem Gefühl, nicht richtig zu sein und daher hart an sich arbeiten zu müssen? Oder ist sie durchtränkt von der Liebe am Leben und von der Liebe zu Gott und zu den Menschen? Die Freude kann nicht gedeihen in einer Frömmigkeit, der es vor allem um Fehlerlosigkeit geht. Sie ist eine Frucht der Liebe. Nur wer sein Herz von der Liebe durchdringen lässt, wird auch fähig zur Freude. Natürlich schenkt die Liebe nicht nur Freude, sondern auch Schmerz. Es gibt keine Liebe ohne Schmerz. Aber offensichtlich kann nur der echte Freude erleben, der sich von der Liebe aufbrechen lässt und der auch bereit ist, sich auf den Schmerz einzulassen, den die Liebe mit sich bringt.

Die Freude an Gott

Die Psalmen als das Gebetbuch des frommen Juden sprechen immer wieder von der Freude an Gott und an seinem Tempel. „So will ich zum Altar Gottes treten, zum Gott meiner Freude" (Ps 43, 4). Die Freude an Gott konkretisiert sich für den Frommen oft im Jubel über die schönen Gottesdienste, in der Vorfreude auf die gemeinsame Erfahrung Gottes im Tempel: „Ich freue mich, als man mir sagte: Zum Haus des Herrn wollen wir pilgern" (Ps 122, 2). Und der Beter erfährt Gott immer wieder als den, der sein Klagen in Tanzen verwandelt, der ihn mit Freude umgürtet (vgl. Ps 30, 12). Er weiß, dass Gott die Tränen abwischen und uns zur Freude führen wird. „Die mit Tränen säen, werden mit Jubel ernten. Sie gehen hin unter Tränen und tragen den Samen zur Aussaat. Sie kommen wieder mit Jubel und bringen ihre Garben ein" (Ps 126, 5–7). Diese Gewissheit bewahrt davor, bei den Tränen und Schmerzen stehen zu bleiben, die am Beginn jedes Wachstumsprozesses stehen. Gott ist für den Beter der Garant dafür, dass wieder Freude in unser Leben einkehren wird. Denn sobald Gott an uns handelt, werden wir uns wieder freuen können. Gott selbst ist ja die Quelle aller Freude.

Die unvergängliche Freude Gottes

Sind das nur Erfahrungen des alttestamentlichen Frommen? Können wir die Worte des Psalmisten ehrlichen Herzens nachbeten? Wir Mönche beten viermal am Tag die Psalmen. Da werden wir in ein Wechselbad der Gefühle eingetaucht. Da wechseln Psalmen, in denen der Beter sein traurige Los beklagt, in denen er mit Gott hadert und gegen seine Feinde schimpft, mit Psalmen, die zum Lob Gottes und zur Freude und Jubel auffordern. Natürlich bin ich nicht immer in der Stimmung, die der Psalmist gerade von mir erwartet. Aber wenn ich mich von Worten der Freude anstecken lasse, dann spüre ich, wie sie mir gut tun. Da kommt eine Ahnung in mir hoch, dass die Worte stimmen. In ihnen komme ich in Berührung mit dem tiefsten Grund meiner Freude. Ich spüre, wie sehr ich mich in eine verdrießliche Stimmung hineinsteigern kann, wie oft ich mich über kleine Dinge maßlos ärgere. Die Psalmen zeigen mir, wie relativ mein Ärger ist und dass ich mir selbst schade, wenn ich mich darin festbeiße.

Wenn ich die Aufforderung zur Freude in mich hineinfallen lasse, geht mir auf, wie brüchig alle menschliche Freude immer auch ist. Die Freude über eine erfüllte Freundschaft wird immer auch angenagt durch Zweifel und Eifersucht. Die Freude über den Erfolg eines Vortrages oder eines Buche relativiert sich schon bald nach dem ersten Applaus. Ich spüre, dass ich davon auch nicht leben kann. Die

Freude über ein gelungenes Gespräch wird abgelöst vom Ärger über die ungelösten Probleme, die unsere Gemeinschaft lähmen.

Freude, die mir niemand nehmen kann.

Im Gebet erahne ich, dass ich da mit einer Freude in Berührung komme, die nicht brüchig, und nicht durch menschliche Unzulänglichkeiten gefährdet ist. Da erahne ich etwas von der unzerstörbaren, unbegrenzten und immerwährenden Freude, von der Gregor von Nyssa spricht, von einer Freude, die nicht an das Sichtbare gebunden ist, sondern aus der Verbindung mit Gott strömt. Dann entsteht in mir ein tiefer Friede. Die Freude, die im Gebet aufkommt, muss ich nicht festhalten. Ich weiß, dass da im nächsten Augenblick schon andere Stimmungen das Herz trüben und bedrücken. Aber ich bin in Berührung gekommen mit der Ahnung einer Freude, die mir niemand nehmen kann. Diese Freude liegt auf dem Grunde des Herzens verborgen. Sie kann zwar durch den Ärger und die Trauer über misslungene Gespräche und Begegnungen überdeckt werden. Aber das Gebet führt mich auf den Grund meiner Seele, in den inneren Raum, in dem mit Gott auch die Freude wohnt.

Die vollkommene Freude im Johannesevangelium

Von der Freude an Gott und in Gott wird vor allem im Johannesevangelium gesprochen. Jesus verheißt in den Abschiedsreden seinen Jüngern eine Freude, die von einer anderen Qualität ist als die Freude, die Menschen einander schenken können. Jesus spricht von der erfüllten Freude oder von der Freude in Fülle. Er offenbart seinen Jüngern die Worte, die er vom Vater gehört hat, „damit meine Freude in euch ist und damit eure Freude vollkommen wird" (Joh 15, 11). Und im hohenpriesterlichen Gebet sagt er: „Dies rede ich noch in der Welt, damit sie meine Freude in Fülle in sich haben" (Joh 17, 13). Er redet also so zu seinen Jüngern, dass sie voll werden von einer Freude, die nicht von dieser Welt ist. Seine Worte wollen Freude bewirken. Wenn ich diese Worte heute meditiere, wollen sie in mir die gleiche Freude hervorrufen wie damals bei den Jüngern im Abendmahlsaal. Es sind Worte, die Jesus vor seinem Tod gesprochen hat, aber auch Worte, die der Auferstandene und Erhöhte vom Himmel her genauso zu mir persönlich sagt, damit sie mein Herz mit Freude erfüllen. Aber diese Worte bewirken nicht automatisch, dass ich mich freuen kann. Ich muss Jesu Worte kosten und schmecken, im Herzen hin- und herbewegen, damit sie mich ganz und gar durchdringen. Ich stelle mir dann vor: Jesus spricht diese Worte jetzt in diesem Augenblick zu mir, damit ich mich freue. Dann erahne ich oft etwas von der Freude, die nicht von dieser Welt ist, die mir Gott schenkt, damit ich in dieser Welt eine andere Qualität von Leben erfahren darf, damit ich ewiges Leben habe.

Jesus spricht von der Fülle der Freude genauso wie von der Fülle des Lebens, die er uns verheißt: „Ich bin gekommen, damit sie das Leben haben und es in Fülle haben" (Joh 10, 10). Das griechische Wort für erfüllen, *pleroun,* meint, etwas ganz ausfüllen, etwas vollenden, ein Maß oder eine Zusage erfüllen. In diesem Wort klingt das Bild der Ganzheit und Vollendung mit. Freude in Fülle ist volles, pralles Leben, wirkliches Leben. Sie ist Ausdruck des ewigen Lebens, wie Johannes die neue Lebensqualität nennt, die uns Jesus schenkt. Für Johanne ist daher die Freude der eigentliche Ausdruck dafür, dass wir in Jesus Christus ewiges Leben erhalten haben, göttliches Leben, das uns ganz und gar durchdringt. Die Freude hat in Jesus Christus ihr Vollmaß erreicht. Jesus ist der Offenbarer, der das Geheimnis Gottes den Menschen enthüllt und ihnen so Anteil an Gottes Freude schenkt. Denn Gott ist das Leben und die Liebe, und er ist auch die Freude. Freude ist also bei Johannes eine göttliche Gabe. Und sie ist Ausdruck des Lebens, das Gott mir in Jesus Christus schenkt, des ewigen Lebens, das zugleich Liebe ist. Das hat Papst Johannes XXIII. verstanden, wenn er sagt, dass wir uns „durch die Freude direkt dem Abglanz des Herrn" öffnen[31].

Jesus spricht im Johannesevangelium davon, dass die Jünger in der Welt Kummer haben, weil sie unter der Abwesenheit Jesu leiden. „Aber euer Kummer wird sich in Freude verwandeln. Wenn die Frau gebären soll, ist sie bekümmert, weil ihre Stunde da ist; aber wenn sie das Kind geboren hat, denkt sie nicht mehr an ihre Not über der Freude, dass ein Mensch zur Welt gekommen ist. So seid auch ihr jetzt bekümmert, aber ich werde euch wiedersehen; dann wird euer Herz sich freuen, und niemand nimmt euch eure Freude" (Joh 16, 20–22). Der Wandlungsprozess des Menschen wird hier mit der Geburt eines Kindes verglichen. Es ist ein schmerzlicher Prozess, bis das göttliche Leben in uns geboren werden kann. Aber wenn Christus in uns Gestalt annimmt, wenn er alles in uns durchdringt, dann wird sich unser Herz freuen. Und es wird eine Freude in uns sein, die uns diese Welt nicht mehr nehmen kann. Denn es ist eine Freude, die nicht von dieser Welt ist.

Freude, die nicht von dieser Welt ist.

Damit greift Johannes ein gnostisches Thema auf, da die Gnosis ja auch von der unzerstörbaren Freude spricht, die einer anderen Welt entspringt. Für Johannes ist die Freude Kennzeichen des Menschen, der in Christus neu geboren wurde, der reif geworden ist, der den Weg der Individuation, der Selbstwerdung gegangen ist. Und die Freude zeigt an, dass ich in einer persönlichen Beziehung zu Jesus Christus stehe, dass mein Herz auf ihn ausgerichtet ist. Freude ist also Kriterium dafür, ob ich spirituell bin oder nicht.

Bei den johanneischen Sätzen kommt bei mir oft das Gefühl hoch: zu schön, um wahr zu sein. Ich kann diese Sätze auch nicht erklären. Wenn ich allerdings solche Worte, ohne sie gleich kritisch zu hinterfragen, auf mich wirken lasse, dann kommt in mir eine Ahnung hoch: Ja, wenn Jesus mich tief in das Geheimnis Gottes hineinzieht, dann entsteht da eine Freude, die mir niemand mehr nehmen kann. Mir hilft dabei, dass ich mir vorstelle: Wenn das stimmt, was da steht, wie fühle ich mich dann, wer bin ich dann, wie erlebe ich dann meine Wirklichkeit? Ich spüre dann zugleich die Geburtsschmerzen dieses neuen Lebens, dieser göttlichen Freude. Denn ich ahne, dass ich mich dann nicht mehr zu definieren brauchte durch Erfolg und Zuwendung, durch Gesundheit und Leistung, nicht einmal durch Freundschaft und Liebe. Es wächst die Ahnung, dass da etwas in mir ist, was alles Sichtbare übersteigt, was nicht von dieser Welt ist. Und daher hat die Welt auch keine Macht darüber. Aber dieser Welt zu sterben, sich ihrer Macht zu entziehen, das ist zugleich eine schmerzliche Geburt. Auch nach dieser Geburt weiß ich, dass ich nicht immer auf dem Höhepunkt solcher Erfahrung leben kann. Ich muss mich wieder einlassen auf die täglichen Probleme. Mitten in der Realität meines ganz unspektakulären Alltags gibt es etwas, das mich über diese Welt hinausführt. Und dort, wo dieses Andere, wo mich dieser Jesus Christus als der göttliche Offenbarer hinführt, dort ist vollkommene Freude, die mir niemand mehr nehmen kann.

Ein Athosmönch der Freude

Erhart Kästner berichtet in der Stundentrommel von Pater Awakum, einem Mönche aus dem Kloster Megistri Lavra. Man könnte ihn als einen Narren in Christus bezeichnen. Er strahlte eine unglaubliche Freude aus. Immer wieder sage er: „Ich bin ganz Freude, ganz und gar Freude, olo chara, olo chara." Und er hält den Wein trinkenden Gästen eine Predigt über die Freude: „Freude ist der Äther, der alles verbindet, die Freude hält Gott und die Schöpfung zusammen; Melancholie ist, was sie voneinander entfernt, Verdrossenheit ist das Fremde. ‚Ich freue mich, dass ich mich freue in dir', sagt der Psalm. Die Freude ist die Verbindung mit Gott, die Einheit mit ihm. Der Mensch ist zur Freude, nicht zur Trauer geboren. Warum holt er sich seine Freude von den Abgöttern? Glaubt es, Kinder, die lassen sich ihre Freuden bezahlen. Gottes Freude kostet nichts, ich zum Beispiel könnte sie sonst nicht bezahlen, denn ich besitze nichts auf der Welt."[32]

| *Gottes Freude kostet nichts.*

Offensichtlich hatte dieser Mönch von jener Freude gekostet, die Johannes die vollkommene nennt, die zur Fülle gekommen ist, die das Maß menschlichen Lebens voll macht. Bei ihm sprudelte diese Freude nur so heraus. Nach außen hin hatte er die niedrigsten Aufgaben im Kloster zu verrichten. Doch in ihm war eine Freude, die ansteckend wirkte, die die Besucher in Bann zog und in eine andere Wirklichkeit eintauchte. Es war keine gemachte Freude, sondern Ausdruck einer tiefen spirituellen Erfahrung, Ausdruck seiner persönlichen Gotteserfahrung. Ebenso sagte der Unbeschuhte Karmelit *Bruder Lorenz* (1608–1691), von sich: „Mein ganzes Leben ist nur noch vollkommene Freiheit und beständige Freude."[33] Das Leben in der Gegenwart Gottes befreite ihn von allen Sorgen um sich selbst und erfüllte ihn mit einer tiefen Freude. Er nennt sie die wahre Freude, die von Gott kommt und die daher weder Kränkungen noch Schmerzen zerstören können.

Jesu, meine Freude

Wenn ich die johanneischen Worte über die Freude lese, muss ich immer an die Bach-Motette „Jesu, meine Freude" denken, die er zur Beerdigung einer Witwe 1723 komponiert hat. Er hat dabei das Kirchenlied von *Johann Franck* aus dem Jahre 1653 verarbeitet. Da heißt es:

„Jesu, meine Freude, meines Herzens Weide,
Jesu, meine Zier:
ach wie lang, ach lange ist dem Herze bange
und verlangt nach dir!
Gottes Lamm, mein Bräutigam,

außer dir soll mir auf Erden
nichts sonst Liebers werden."

Bach ließ das angesichts eines offenen Grabes singen. Der Tod ist die letzte Station der Neugeburt des ewigen Lebens, das uns Christus durch sein Wort und durch seine Liebe schon geschenkt hat. Wenn diese Motette Bachs nach wie vor eine große Anziehungskraft auf die Hörer hat, dann zeigt das die Sehnsucht, die viele Menschen auch heute haben, nach einer Freude, die anders ist als die kleinen Freuden des Alltags. Es muss doch noch eine ganz andere Freude geben, es muss doch Jesus selber der Grund meiner Freude sein, einer Freude, die auch den Tod überdauert. Diese Ursache unserer Freude wird in vielen Kirchenliedern besungen, vor allem in den Lieder, die aus der Zeit des Dreißigjährigen Krieges stammen. Offensichtlich war gerade da die Freude als Heilmittel für die Menschen besonders wichtig. So heißt es im Lied von *Christian Keimann* aus dem Jahre 1646:

„Freuet euch, ihr Christen alle,
freue sich, wer immer kann;
Gott hat viel an uns getan.
Freuet euch mit großem Schalle,
dass er uns so hoch geacht',
sich mit uns befreundt gemacht.
Freude, Freude über Freude:

Christus wehret allem Leide.
Wonne, Wonne über Wonne:
Christus ist die Gnadensonne."

Für mich ist das Herzens-Gebet der Weg, auf dem ich Jesus als meine Freude erahnen und ab und zu auch erfahren darf. Wenn ich vor meiner Christusikone sitze und das Jesusgebet mit meinem Atem verbinde: „Herr Jesus Christus, Sohn Gottes, erbarme dich meiner", dann stelle ich mir vor, wie Jesus in meinem Herzen wohnt und mit ihm die Freude. Und ich weiß, dass mit Jesus eine Freude in mir ist, die mir niemand nehmen kann. Jeden Morgen, wenn ich meditiere, komme ich in Berührung mit einer Quelle der Freude, die auch durch die Konflikte des Alltags nicht erstickt werden kann.

Stille Freude
vor der Christusikone.

Denn diese Freude liegt tiefer. Aber es ist eine ganz stille Freude, die sich nicht ekstatisch ausdrückt. In dieser Freude kann ich nicht sagen, worüber ich mich freue. Es ist einfach die Erfahrung von Freude. Der innere Raum, in dem Christus in mir wohnt, ist zugleich der Raum der Freude. Freude ist wie eine Qualität, die diesen Raum erfüllt. Es ist die Qualität von Leichtigkeit und Weite, von Heiterkeit und Frieden, von Helligkeit und Stimmigkeit. Wenn ich nach der

Meditation zur Eucharistiefeier gehe, dann habe ich das Gefühl, dass ich diesen Raum der Freude in mir trage und dass es meine Aufgabe ist, diese innere Freude auch in die alltäglichen Besprechungen und Begegnungen hinein zu tragen. Aber ich spüre auch, dass ich diese Freude in mir schützen muss. Denn allzu leicht wird sie wieder verdeckt vom Ärger über dieses oder jenes Missgeschick. Allzu schnell kann ich die Freude auflösen in das Gefühl von Bitterkeit über die Enttäuschungen, die das Leben bereitet. Die Freude braucht Achtsamkeit, damit sie nicht erstickt unter den negativen Emotionen, denen ich in vielen Gesprächen ausgesetzt bin. Und ich erlebe es manchmal wie einen Machtkampf zwischen der Freude, die in mir ist, und dem Ärger und der Depressivität, die mir im Gespräch entgegenkommen. Lasse ich mich von den destruktiven Gefühlen des anderen anstecken, oder gelingt es mir, die Freude in mir durchzuhalten und dem anderen einen Funken davon zu vermitteln?

Freude im Leiden

Die Freude, von der die Bibel uns kündet, ist keine euphorische Freude. Sie bewährt sich gerade im Leiden. Jesus selbst preist die selig, die um seinetwillen beschimpft und verfolgt werden: „Freut euch und jubelt: Euer Lohn im Himmel wird groß sein" (Mt 5, 11). Und der Hebräerbrief sagt von Jesu Leiden: „Er hat angesichts der vor ihm liegenden Freude das Kreuz auf sich genommen, ohne auf die Schande zu achten" (Hebr 12, 2). Die Freude über den Sieg der vollkommenen Liebe hat Jesus befähigt, Ja zu sagen zu seinem qualvollen Sterben am Kreuz. Als Christen leben wir nicht in einer heilen Welt. Wie Jesus müssen auch wir damit rechnen, dass Leid und Not, dass Schande und Beschädigung unsere Vorstellungen vom Leben durchkreuzen. Wir können auch nicht so tun, als ob der Glaube an Gottes helfende Nähe uns alle Schwierigkeiten aus dem Weg räumen würde. Bei manchen geistlichen Schriftstellern hat man den Eindruck, als ob man durch den Glauben alle Probleme überspringen könnte. Doch das ist nicht die Botschaft Jesu.

Freude über das Leiden

In der frühen Kirche dachten manche offensichtlich ähnlich. Sie glaubten an die Erlösung durch Jesus Christus, an die

Heilung ihrer Wunden, an den mächtigen Schutz Gottes. Aber dann mussten sie erleben, dass die Welt ganz anders aussieht. Sie wurden von den staatlichen Behörden angefeindet, verfolgt und drangsaliert. Sie wurden denunziert. Sie passten nicht in die spätantike Gesellschaft, die vom Schrei nach „Brot und Spielen" (panem et circenses) geprägt war. Offensichtlich war das für viele eine große Glaubensprüfung. Im 1. Petrusbrief wird sichtbar, dass der Autor den Christen Mut machen muss, diese Situation im Glauben zu bestehen. Und ein wichtiges Argument, die Bedrängnisse der Welt auszuhalten, ist für ihn, dass sich die Jünger darüber freuen sollen, wenn sie das gleiche Schicksal erleiden wie Jesus: „Freut euch, dass ihr Anteil an den Leiden Christi habt; denn so könnt ihr auch bei der Offenbarung seiner Herrlichkeit voll Freude jubeln" (1 Petr 4, 13). Die Freude hat zwei Motive, einmal die Freude darüber, dass wir im Leiden die Gemeinschaft mit Jesus Christus erfahren, ja, dass wir gewürdigt werden, um Jesu willen Leid auf uns zu nehmen. Das Leiden ist also hier wie eine Art Auszeichnung, durch die man Christus näher kommt.

Leiden –
eine Auszeichnung.

Im Leiden kann man seine Liebe zu Jesus Christus bewähren. Uns klingen solche Worte zunächst fremd. Aber wenn wir einen Menschen lieben, dann kann uns der Schmerz, den wir mit ihm teilen und mit ihm durchstehen, auf eine tiefe Weise miteinander verbinden. Auf einmal entsteht eine Dichte im Miteinander, wie sie gemeinsame Erfolgserlebnisse kaum bewirken können.

Das zweite Motiv der Freude über das Leiden ist die Hoffnung auf die Herrlichkeit, die uns nach dem Leid im Himmel zuteil wird. Mit diesem Motiv tun wir uns heute schwer. Wir sind allergisch gegen allzu schnelle Vertröstungen. Aber wenn wir an einer unheilbaren Krankheit leiden, kann das Motiv der ewigen Herrlichkeit, die uns erwartet, das Leiden relativieren. Das Leiden verliert seine Sinnlosigkeit. In ihm erleiden wir die Geburtswehen der Neugeburt für den Himmel. Die Gewissheit, dass das Leiden nur ein Durchgang zur ewigen Herrlichkeit Gottes ist, bewirkt in manchen Menschen schon jetzt eine Verwandlung. Mitten im Leid leuchten ihre Augen und spiegeln eine Freude wider, die nicht von dieser Welt ist. Einem Kranken zu begegnen, der durch das Leid nicht bitter wird, sondern fröhlich und heiter, ist ein Geschenk.

Wenn mir im Gespräch jemand von seinen Problemen erzählt, fällt es mir schwer, wie der Autor des 1. Petrusbriefes zu reagieren und den Gesprächspartner aufzufordern, er solle sich freuen, am Leiden Christi Anteil zu haben. Ich muss erst seine Situation ernst nehmen. Und manchmal verschlägt es mir die Sprache, wie viel Leid auf einen Menschen fallen kann. Da ist eine Frau, die von ihren fünf Kindern vier durch den Tod verloren hat, zwei schon bald nach der Geburt und zwei durch Verkehrsunfälle. Jetzt hat sie Angst, auch noch das fünfte Kind zu verlieren. Da wäre es wie ein Hohn, wenn ich sie zur Freude auffordern würde. Das unverständliche Schicksal will erst einmal ausgehalten werden. Ich muss es mittragen. Ich muss mich in die Frau einfühlen und verstehen, dass sie verzweifelt ist, dass sie nicht mehr beten kann. Erst wenn ich bereit bin, mit ihr durch ihren Schmerz und ihre Verzweiflung zu gehen, darf ich behutsam beginnen, eine andere Sichtweise des Vorgefallenen zu versuchen. Ihre verstorbenen Kinder möchten sicher nicht, dass sie sich das Leben noch schwerer macht. Die Kinder sind bei Gott und möchten sie auf ihrem Weg begleiten. Sie möchten, dass sie das Leben, das ihr geschenkt ist, auch wirklich lebt, dass sie von dem Geheimnis des Lebens kündet, über das wir nicht verfügen können. Auf einmal erzählt die Frau von einem Traum, in dem sie den verstorbenen Sohn im Licht sieht, Friede und Freude ausstrahlend. Sie hat sich noch nie getraut, den Traum jemandem zu erzählen, aus Angst, sie würden für verrückt gehalten. Ich bestärke sie darin, diesen Traum ernst zu nehmen, ihn immer wieder zu meditieren.

*Hoffnung, dass Schmerz
und Trauer sich wandeln.*

Ihr Sohn möchte sie in eine andere Welt führen, in die Welt des inneren Friedens und der Freude, die von Gott kommt.

Es fällt mir schwer, einfach zur Freude aufzufordern, wenn mir jemand von seiner inneren oder äußeren Not berichtet. Da kommt mir vielmehr das Wort aus dem Buch *Kohelet* in den Sinn, dass es eine Zeit des Weinen und des Lachens, eine Zeit der Trauer und eine Zeit der Freude gibt (vgl. Koh 3). Ich darf die Zeit der Trauer nicht überspringen. Ich muss sie aushalten. Zugleich darf ich hoffen, dass sie sich wandelt, dass sich die Klage in Tanzen verwandelt, wie es in Psalm 30, 12 heißt: „Du hast mein Klagen in Tanzen verwandelt, hast mir das Trauergewand ausgezogen und mich mit Freude umgürtet." Tränen, Schmerzen, Trauer, Leid sind der eine Pol des Lebens. Und dieser Pol muss ernst genommen werden. Aber ich darf mich auch nicht auf diesen Pol fixieren. Ich muss immer auch um den anderen Pol wissen, der genauso zum Leben gehört: Freude, Fröhlichkeit, Leichtigkeit, Hoffnung, Vertrauen. Wenn ich um den Gegenpol weiß, relativiert sich die Trauer. Sie ist nicht mehr ohne Boden. Auf dem Grund der Trauer werde ich auch auf die Freude stoßen, die in mir aufsteigen möchte. Und auf dem Grund der Freude werde ich auf die Trauer stoßen, dass ich so weit von dem entfernt bin, der ich vor Gott und in Gott sein möchte. Wenn wir weinen, kann es sein, dass wir auf einmal gar nicht mehr wissen, ob wir aus Trauer oder Freude weinen. In den Tränen vermischen sich Trauer und Freude, da sind beide Pole miteinander eins.

Schmerz und Freude

Die Einheit von Schmerz und Freude erlebe ich in der Begleitung von Menschen immer wieder. Wer sich den Schmerzen über die Verletzungen seiner Kindheit stellt, wer durch den Schmerz hindurchgeht, der kann oft die Verwandlung seines Schmerzes in Freude erfahren. Da ist eine Frau, die von Zeit zu Zeit eine tiefe Traurigkeit in sich wahrnimmt. Solange sie sich dieser Traurigkeit nicht stellt, geht in ihrer Arbeit nichts voran. Sie fühlt sich wie blockiert. Wenn sie in ihre Traurigkeit hineingeht, kommt die Erinnerung an ein schmerzhaftes Erlebnis in ihrer Kindheit hoch. Dem muss sie sich dann stellen. Nur so wandelt ich der Schmerz in neue Lebendigkeit und Freude. Wenn sie den Schmerz überspringt, kann sie sich auch nicht wirklich freuen. Offensichtlich hängen die Bereitschaft, den Schmerz anzunehmen, und die Fähigkeit, Freude zu empfinden, miteinander zusammen.

Freude im Leiden

Das Neue Testament kennt nicht nur die Freude über das Leiden, sondern auch die Freude im Leiden. Vor allem Paulus hat erfahren, dass das Leiden ihn ganz eng an Christus bindet, dass er im Leid wohl am intensivsten die Gemeinschaft mit Jesus Christus erlebt. Freude im Leid ist das

Thema des Philipperbriefes, den Paulus aus dem Gefängnis in Ephesus heraus schreibt. Er muss damit rechnen, hingerichtet zu werden. Seine Situation ist also äußerst bedrohlich. Und gerade aus dieser bedrängenden Not heraus fordert er die Christen zur Freude auf: „Freut euch im Herrn zu jeder Zeit! Noch einmal sage ich: Freut euch! Eure Güte werde allen Menschen bekannt. Der Herr ist nahe. Sorgt euch um nichts, sondern bringt in jeder Lage betend und flehend eure Bitten mit Dank vor Gott!" (Phil 4, 4–6). Hier wird deutlich, was wahre Freude für Paulus ist. Die wahre Freude, die Freude im Herrn, bewährt sich gerade im Leid. Sie lässt sich durch äußere Bedrohungen nicht zerstören. Denn sie ist im Herrn, in Christus verankert. Solche Freude kann Paulus sogar noch im Gefängnis erleben. Denn auch im Kerker, an Händen und Füßen gefesselt, ist er in Christus. Christus ist für ihn wie ein Raum, in dem er wohnt und der ihn all den bedrohlichen Räumen des Gefängnisses und der Gefahren entreißt.

Die Freude wird hier zusammen gesehen mit Güte und Sorglosigkeit. Das Reich Gottes drückt sich in den drei Haltungen aus: „Gerechtigkeit, Friede und Freude im Heiligen Geist" (Röm 14, 17). Freude ist also ein wesentliches Kennzeichen des Menschen, der sich von Gott bestimmen lässt. Wenn Christus mir wirklich nahe ist, wenn ich aus seiner Nähe lebe, wenn ich in ständiger Beziehung zu ihm bin, dann ist Freude meine Grundstimmung. Wir dürfen die Aufforderung des Paulus nicht missverstehen, so als ob er sagen wollte: freu dich doch endlich! Vielmehr möchte uns Paulus auf das Wesen unseres Christseins hinweisen. Wir sollen auf die Nähe Christi achten, wir sollen aus der Beziehung zu Christus leben. Dann wird die Freude unsere Grundhaltung werden. Wir sollen uns im Herrn freuen, das bedeutet wohl, wir sollen in Christus sein. Und dann wird unsere Freude immer da sein, selbst im Gefängnis, auch dann, wenn wir an uns selber leiden, wenn wir uns selbst nicht ausstehen können. Ein anderer Ausdruck dieser Erfahrung des In-Christus-Seins ist die Güte und die Sorglosigkeit. Freude ist nicht Selbstgenuss, sondern sie zeigt sich in der Güte, in der Mühe gegenüber den Brüdern und Schwestern. Im Griechischen steht hier epieikes, das Schickliche, Billige, Ausgeglichene. Wer in sich froh ist, weil er von der Nähe des Herrn und nicht von den drängenden Problemen geprägt ist, der verhält sich von selbst richtig zu den Menschen. Er wird ihnen gütig und milde begegnen.

Freude und Sorglosigkeit

Und zur Freude gehört die Sorglosigkeit. Wer sich lauter Sorgen um sein Leben macht, der kann sich nicht freuen. Die Aufforderung des Paulus entspricht hier dem Wort Jesu, der uns auf die Vögel des Himmels und die Lilien des Feldes verweist und uns ermahnt: „Macht euch also keine Sorgen!" (Mt 6, 31). Paulus hätte im Gefängnis allen Grund, sich Sorgen zu machen, ob er wohl mit dem Leben davonkommt. Martin Heidegger nennt die Sorge ein Grundexistential des Menschen. Der Mensch ist immer einer, der sich sorgt. Er sorgt sich um sein Leben. Er grübelt nach, was er alles zum Leben brauche. Das griechische Wort für Sorge, *merimna,* kommt von teilen. Die Sorge zerteilt das Gemüt des Menschen. Sie gräbt Sorgenfalten in das Gesicht und macht es bedrückt und bekümmert. Das deutsche Wort Sorge heißt von seiner Wurzel her „Kummer, Gram, Krankheit, Unruhe, Angst, quälender Gedanke". Er weist also auf das Gegenteil der Freude hin, auf einen Menschen, der sich selbst quält mit grübelnden Gedanken, der sich krank macht vor lauter Kummer. Und es meint einen Menschen, der nicht genießen kann, der immer voller Unruhe ist, der nie dort ist, wo er gerade steht, sondern immer voller Angst um seine Zukunft besorgt ist. Es gibt Menschen, die vor lauter Sorgen unfähig geworden sind zu genießen. Sie können einen sonnigen Urlaubstag nicht genießen, weil sie sich Sogen machen, ob es abends ein Gewitter gibt oder ob es morgen regnen könnte. Sie können ein gute Essen nicht genießen, weil sie sich darum sorgen, ob sie immer genügend Geld für ihren Lebensunterhalt haben. Sie können ein Gespräch nicht genießen, weil sie sich darum sorgen, ob sie auch einen guten Eindruck machen. Die Sorge teilt das menschliche Herz und lässt es nie dort sein, wo es sich freuen und wo es genießen kann.

*Die Sorge teilt das menschliche Herz,
Freude macht es ganz.*

Freude lässt das Herz ganz sein. Man kann sich nur aus ganzem Herzen freuen. Da sich die Sorge verselbständigen kann, da sich Menschen in ihren Sorgen verlieren können, ist es durchaus angebracht, wie Paulus zur Freude aufzurufen. Der Aufruf zur Freude meint nicht, eine ganz bestimmte Stimmung in sich zu erzeugen, sondern die Wirklichkeit zu durchschauen und in allem die Nähe des Herrn zu sehen. Dann wird mein Leben anders, dann werde ich die Welt mit neuen Augen sehen. Wenn der Herr nahe ist, der mich liebt, der meine tiefste Sehnsucht erfüllt, dann wird vieles unwichtig. Eine Frau, die sich um vieles in ihrem Leben Sorgen machte und sich zerquälte, erzählte mir neulich einen Traum von einem jungen Mann, der auf sie zukam und sie freundlich anschaute. Da war ihr auf einmal klar: Wenn der mich liebt, dann kann ich vieles lassen, dann wird alles gut, dann wird wieder die Freude mein Leben bestimmen und nicht mehr die Sorge, wie es wohl weitergehen wird.

Die Freude, zu der Paulus auffordert, ist keine euphorische Freude. Sie meint die Freude mitten im Leid. Er sitzt im Gefängnis und schreibt über die Freude. So wird auch unsere Freude nur dann stimmig sein, wenn wir das Gefängnis anschauen, in dem wir sitzen, wenn wir unsere Abhängigkeiten von anderen Menschen wahrnehmen, die uns gefangen halten, wenn wir die Verletzungen unserer Lebensgeschichte betrachten, die uns in ganz bestimmten Lebensmustern festhalten, die uns daran hindern in Freiheit zu leben. Wir sollen nichts verdrängen, sondern alles, was in uns ist und was uns belastet und bedrückt, was uns fesselt und einengt, vor Gott ans Licht kommen lassen. Nur dann wird unsere Freude echt sein. Paulus fordert uns auf: „Bringt in jeder Lage betend und bittend eure Anliegen mit Dank vor Gott!" (Phil 4, 6). Das, was in uns liegt, sollen wir vor Gott bringen, anstatt uns in Sorgen darüber zu zerquälen. Wenn es offen vor Gott gebracht wird, verwandelt es sich. Ja, wir sollen unsere Probleme mit Dank vor Gott bringen, in der Grundhaltung, dass alles sein darf und alles in uns gut ist. Wir glauben daran, dass wir für alles Gott danken können, weil Gott es im Grund gut mit uns meint, selbst dann, wenn wir im Gefängnis sitzen. Auch da hält Gott seine gute Hand über uns.

Die Kirchenväter haben die Aufforderung des heiligen Paulus „Freuet euch" oft kommentiert. Für sie geht es um die Frage, wie wir uns immer freuen können, obwohl doch das Leben nicht immer Anlass zur Freude gibt. So fragt *Chrysostomus* in einer Predigt: „Wie ist es möglich, sagt man, sich beständig zu freuen, da man doch ein Mensch ist? Es ist nicht schwer, sich zu freuen; aber sich immer zu freuen, das scheint mir nicht möglich. So dürfte vielleicht jemand sagen. Es umdrängen uns ja so vielfache Nöte, um uns den freudigen Mut zu nehmen. Man verliert einen Sohn oder sein Weib oder einen redlichen Freund, der uns mehr am Herzen liegt als alle Verwandten.

*„Wie ist es möglich, sich beständig zu freuen,
da man doch ein Mensch ist?"*

Man erleidet einen Verlust an seinem Vermögen, man fällt in eine Krankheit oder es stoßen einem andere Unfälle zu. Oder man grämt sich wegen geschädigter Ehre. Es kommt eine Teuerung oder die Pest oder eine unerträgliche Steuer oder eine häusliche Sorge. Wir sind gar nicht im Stande alles aufzuzählen, was uns im privaten und öffentlichen Leben so oft in Trauer versetzt. Wie solle es also möglich sein, sagt man, immerdar fröhlich zu sein?"[34]

Und dann zeigt *Chrysostomus* einen Weg auf, wie wir uns immer freuen können. Alle Menschen, so meint er, „haben ein Verlangen, sich zu freuen und fröhlich zu sein: Dahin zielt all ihr Handeln, Reden und Tun." Aber nicht alle kennen den Weg zur dauernden Freude. Wir können uns nur beständig freuen, wenn wir uns im Herrn, in Christus, freuen. „Wer sich im Herrn freut, kann durch keinen Zufall um diese Freude gebracht werden. Alles andere, worüber wir uns freuen, ist veränderlich, flüchtig und unterliegt leicht einem Wechsel." Wer im Herrn ist, wer Gott fürchtet, der kann in der Freude bleiben, selbst wenn ihm Trauriges zustößt. „Im Gegenteil: Was anderen Trauer verursacht, wird deine Freude erhöhen; denn Geißelhiebe, Tod, Verluste, Verleumdungen, Unrecht, das uns widerfährt, und alle ähnlichen Leiden erfüllen unser Herz mit tiefem Glück, wenn sie uns um Gottes willen treffen und darin ihren Ursprung haben. Niemand kann uns unglücklich machen, außer wir tun es uns selber."[35] Es geht den Kirchenvätern also um die Frage, wie wir uns mitten in einer Welt, in der es so viel Leid und Not gibt, dennoch immerdar freuen können. Und sie verweisen auf die Freude in und an Gott, an die Freude in Jesus Christus. Denn nur sie kann uns von widrigen Umständen nicht genommen werden. So ist die Sehnsucht nach wahrer Freude, die in jedem Menschen steckt, immer auch die Sehnsucht nach Gott, der allein beständige und unzerstörbare Freude zu schenken vermag.

Fest und Freude

Die Freude will sich ausdrücken. Der eigentliche Ort der Freude ist in allen Religionen das Fest. Das Alte Testament spricht von Freude und Jubel oft im Zusammenhang mit den vielen Wallfahrtsfesten, die das Volk gefeiert hat, um sich an die Heilstaten Gottes zu erinnern und sich daran zu freuen. Ein Fest zu feiern war für die Israeliten immer wieder der Versuch, der Freude Raum zu geben gegenüber der Angst, die das Leben behindert, und gegenüber Leid und Tod als täglicher Erfahrung. Im Fest brach etwas anderes ein in das Leben des Volkes. Da spürte das Volk, dass Gott der Herr ist und dass das Leben Sinn hat. Froh erinnern sich die Frommen immer wieder an die Schönheit des Gottesdienstes im Tempel von Jerusalem. Da war alles voller Jubel und Jauchzen. So betet der Psalmist: „Das Herz geht mir über, wenn ich daran denke, wie ich zum Haus Gottes zog in festlicher Schar, mit Jubel und Dank in feiernder Menge" (Ps 42, 5). Der gemeinsame Gottesdienst war offensichtlich für die Israeliten der intensivste Ort freudiger Gotteserfahrung.

Fest und Freude bei den Griechen

Auch für die Griechen gehörten Fest und Freude wesentlich zusammen. Indem sie der Götter gedenken, werden die Feiernden den Unsterblichen ähnlich. Beim Fest spielen nicht nur Tanz, Spiel und gutes Essen eine wichtige Rolle, sondern vor allem der Gesang. „Das Herz erfüllt sich mit Wonne, wenn der Sänger die Töne der Himmlischen nachahmt; es gibt kein angenehmeres Leben, als wenn ein ganzes Volk ein Fest der Freude begeht."[36] Das griechische Wort für Freude, *chara,* hat mit leidenschaftlicher Erregtheit zu tun. Es meint die ekstatische Freude, die das Volk an den gemeinsamen Festen erlebte. Um diese ekstatische, ja rauschhafte Freude ging es vor allem an den Dionysosfesten. Dionysos war der eigentliche Freudenbringer. Die Griechen erfuhren diese Freude besonders im Wein und in der Poesie. Musik und Tanz sollen am Dionysosfest das Bewusstsein betäuben, damit der Mensch im Rausch sich selbst vergisst und enthusiastisch wird, das heißt sich in Gott hinein verliert.

Christliche Festesfreude

Die frühen Christen haben die Tradition der Juden und Griechen fortgeführt. Der Gottesdienst war für sie der Ort, an dem sie gemeinsam Freude erlebten. Und sie feierten schon früh das Osterfest, an dem sie das Neuerwachen der Natur und die Erinnerung an den Auszug aus Ägypten erfüllt sahen in der Auferstehung Jesu Christi von den Toten. Da feierten sie den Sieg des Lebens über den Tod, den Sieg der Freude über das Leid. Sie drückten ihre Osterfreude aus in Tanz und Gesang. Im Mittelalter wurde es üblich, dass der Priester in seiner Osterpredigt die Leute durch Witze zum Lachen reizte. Das Osterlachen war Ausdruck, dass das Leben und die Liebe über alle Starre und Kälte gesiegt haben. An Ostern wird das Wesen jedes Feste deutlich: Es ist „Bejahung und Steigerung des Daseins"[37]. Das Fest ist Zustimmung zur Welt, Öffnung des Daseins auf Gott hin. Und nach *Ernst Bloch* gehört zum Fest immer die Heimat. Im Fest tut sich ein Fenster auf, und die ewige Heimat leuchtet auf. In der Musik, die wesentlich zum Fest gehört, kostet der Mensch, so zitiert *Ernst Bloch* den Astronomen *Johannes Keppler,* „die Schöpferfreude Gottes nach, über sein Werk in dem süßesten Wonnegefühl, wie es ihm die Gott nachahmende Musik vermittelt"[38]. Wir feiern am Fest die Freude über Gottes Handeln in der Schöpfung und in der Geschichte.

In der Geschichte des Kirchenjahres lässt sich beobachten, dass im Laufe der Zeit das Bedürfnis nach Festen immer größer geworden ist. Immer wieder wollte man aufs Neue das Geheimnis des neuen Lebens in Jesus Christus feiern, an Weihnachten, an Christi Himmelfahrt, an Pfingsten, am Fest der Verklärung und schließlich in vielen Marienfesten und Heiligenfesten. Sie waren der Versuch, die Freude an Gott in menschliche Gefäße zu füllen. An den Marienfesten freute man sich darüber, dass Gott eine Frau gewürdigt hatte, Mutter seines Sohnes zu werden. Und man feierte in immer neuen Bildern das Geheimnis der eigenen Erlösung und Heilung. Gerade die Marienfeste sind immer optimistische Feste, voller Poesie und spielerischer Kreativität. An den Heiligenfesten feierte man nie nur den konkreten Menschen, sondern immer Gott, der auf vielfache Weise den Menschen zu seiner Vollendung führt, der unsere Wunden heilt und die vielen Möglichkeiten aufzeigt, die im Menschen liegen.

Die Kunst, ein Fest zu feiern

Viele tun sich heute schwer mit den christlichen Festen. Da sagen manche, sie könnten sich nicht freuen, nur weil jetzt gerade Weihnachten oder Ostern ist. Sie sind somit sich selbst beschäftigt, dass sie sich nicht auf ein Fest einlassen können. Aber das zeigt gerade die ganze Not des heutigen Menschen. Er kreist so narzisstisch um sich selbst, er zelebriert seine Unlust, er fiert geradezu seine eigenen Wunden und Kränkungen, seinen Schmerz und seine Trauer, dass er sich nicht mehr davon distanzieren kann. Das Fest ist eine Einladung, einmal all das zu vergessen, was uns bedrückt, und uns auf Gott einzulassen, auf den Gott unserer Freude. Natürlich kann ein Fest nicht automatisch in uns Freude erzeugen. Aber wenn ich mich in meiner momentanen Verfassung, in der mir vielleicht gar nicht nach Freude zumute ist, dennoch auf das Fest einlasse, dann komme ich in Berührung mit der Freude, die immer schon in mir ist, die momentan nur verdeckt ist durch den Schmerz und die Trauer, durch die Not und die Krise, in der ich gerade stecke. Ich muss die Freude nicht künstlich erzeugen. In uns sind immer beide Pole: Freude und Trauer, Freude und Lustlosigkeit. Im narzisstischen kreisen um meine Probleme bin ich nur auf einen Pol fixiert. Ich ziehe mich immer mehr nach unten und werde mehr und mehr depressiv. Ein Fest feiern heißt nicht, die Augen vor den Problemen zu verschließen, sondern die Probleme von einer neuen Warte aus bewusst anzuschauen und sich dann davon distanzieren. Sie sind ein Teil des Lebens, aber nicht das ganze Leben. Ich darf sie auch einmal getrost beiseite lassen, um mich den positiven Aspekten des Lebens zu stellen, die mir das Fest vor Augen führt.

Wenn ich mich auf ein Fest einlasse,
berührt mich die Freude, die in mir ist.

Wenn ich mich auf das Fest einlasse, ohne an meinen Emotionen zu kleben und ohne mich unter Leistungsdruck zu stellen, mich unbedingt freuen zu müssen, dann kann in mir – ganz gleich, wie es mir gerade geht – doch Freude aufkeimen. Auf einmal spüre ich, wie relativ alles ist angesichts des Gottes, der alles zu verwandeln vermag. Die vordergründige Wirklichkeit, die mich so bedrängt, hat auf einmal keine Macht mehr über mich. Ich spüre dahinter das eigentliche Leben. Allerdings darf ich mich auch hier nicht unter einen Druck setzen. Ich muss an diesem Ostern nicht die gleiche Freude spüren wie im Jahr zuvor. Vielleicht wird es eine ganz stille Freude, die meine Traurigkeit nur ein wenig aufhellt. Ich feiere das Fest mit der Verfassung, in der ich gerade bin. Und ich vertraue darauf, dass das Fest gerade in meine Situation ein wenig mehr Licht und Freude zu bringen vermag.

Das Fest zeigt noch einen anderen Aspekt der Freude. Freude ist immer auch Mitfreude. Sie sucht die Gemeinschaft und sie braucht sie. Sich miteinander zu freuen, das verstärkt die Freude. Und die Gemeinschaft kann durch die Art und Weise, wie sie ein Fest feiert, diese Freude in uns vertiefen. Das beginnt bei der festlichen Gestaltung des Gottesdienstraumes oder des Feierraumes, wenn es sich um die Feier eines Geburtstages oder eines Jubiläums handelt. Die Freude braucht die Form, um sich entfalten zu können. Ein wesentlicher Aspekt der Freude ist das Wort, das gesprochen wird, etwa in der Predigt oder in der Festrede. Die Worte müssen stimmen.

Freude ist immer auch Mitfreude.

Sie dürfen nicht in einen euphorischen Ton verfallen oder übertreiben. Sie dürfen aber auch nicht unterkühlt sein. Manche Redner haben Angst, etwas von den eigenen Emotionen zu zeigen. An den Worten und am Tonfall spüren die

Hörer, ob vom Redner Freude ausgeht, oder ob hinter der Fassade pathetischer Worte Leere und Angst, Depression und Sinnlosigkeit lauern. Die Freude muss ins Wort gefasst werden, indem der Anlass der Freude gebührend gewürdigt wird.

Ein entscheidendes Element der Freude ist der Gesang. Bei weltlichen Feiern lässt man sich den Gesang zumeist von Chören vorsingen. Das kann durchaus Anlass zur Freude sein. Aber wenn die Gemeinschaft miteinander singt, entsteht eine ganz andere Dichte. Das spürt man in vielen Gottesdiensten, in denen sich die Leute vom Gesang mitreißen lassen und aus „inbrünstigem Herzen" singen. Manche verkopfte Priester lassen im Gottesdienst nur Lieder singen, die theologisch ganz richtig sind. Aber sie übersehen die Emotionalität, die in den Liedern steckt. Das gilt besonders bei den Marienliedern. Da gibt es natürlich kitschige, die man lieber nicht singen sollte, weil sie infantil sind. Aber viele alte Marienlieder rühren die Herzen der Menschen, weil sie voller Poesie sind und Freude über den menschlichen und mütterlichen Gott sind. Und solche Lieder erinnern immer auch an Erfahrungen aus der Kindheit, an die Ahnung, geborgen und geliebt zu sein, an die Erfahrung, vom Glauben der anderen getragen zu werden.

Freude und Singen

Damit die Freude echt wird, bedarf es auch einer Kultur des Singens. Das fängt bei der Tonhöhe an. Viele stimmen aus Angst, dass sie die hohen Töne nicht bekommen, die Lieder zu tief an. Als ich mich einmal mit *Godehard Joppich* über den Gesang in der Liturgie unterhielt, meinte er, der Sänger habe eine ganz große Verantwortung für die Stimmung, die die Feiernden erfasst. Wenn er einen Ton aus der „Sofaecke" anstimme, dann werde sich auch nur eine Liturgie aus der „Sofaecke" entwickeln. Dann singe man vor sich hin, damit man durchkommt. Aber man zeige nicht sein Herz. Man hat offensichtlich Angst, seine Ergriffenheit zu zeigen. Man hat Angst vor der Freude, die da vielleicht aufkommen könnte.

Das Sofakissen wegziehen,
aufstehen und singen.

Lieber bleibe man im Unverbindlichen stecken, damit man ja nicht Farbe bekennen müsse. In einer Singstunde mit den Jugendlichen, die zu unseren Osterkursen kommen, stimmte *Godehard Joppich* das „Hagios o theos" des Karfreitags sehr hoch an. Als einige protestierten, dass es zu hoch sei, erwiderte er: „Irgendwann einmal muss man das Sofakissen unter sich wegziehen und hinstehen und singen. Da zeigt sich, ob ich glaube oder nicht." Nur wenn wir unser Kleben an der Bequemlichkeit unseres Sofas lassen und uns mit ganzem Herzen, mit Leib und Seele einlassen auf den Gesang, kann Freude in der Liturgie entstehen und sich auf die Feiernden ausbreiten.

Plato hat das griechische Wort für Freude, *chara,* von *charos,* vom Chor der Sänger, abgeleitet. Und *Augustinus* hat sich immer wieder Gedanken über das Singen gemacht. Für ihn ist Singen Ausdruck der Liebe. Aber es ist auch ein Weg, mit der inneren Freude in Berührung zu kommen. Er schreibt von einer Freude, die keine Worte mehr findet, sich auszudrücken, einem Singen ohne Worte, dem so genannten *Jubilus.* Augustinus hat dieses Singen ohne Worte bei den Arbeitern im Weinberg beobachtet: „Die bei der Ernte, im Weinberg oder bei einer anderen anstrengenden Arbeit singen, fangen zuerst an, mit Worten und Liedern ihre Freude auszudrücken. Doch wenn sie so voller Freude sind, dass sie sie mit Worten nicht mehr ausdrücken können, wenden sie sich von den Worten mit ihren Silben ab und gehen zum Jubilieren über. Der Jubilus ist ein Ton, der bedeutet, das Herz gebären zu lassen, was man nicht mehr sagen kann. Und wem ziemt solcher Jubilus, wenn nicht dem unaussprechlichen Gott?"[39] Dieses Singen ohne Worte hat sich im gregorianischen Choral in den Vertonungen der Allelujaverse eine eigene Tradition geschaffen. Da wird auf der Silbe A eine endlose Tonfolge gesungen. In den Alpenländern hat sich diese Tradition im Jodler fortgesetzt. Es ist das Bedürfnis, die Freude, die man in sich spürt und für die einem die Worte fehlen, dennoch auszudrücken.

Das persönliche Magnifikat

Als unsere Gemeinschaft in den siebziger Jahren durch eine schwierige Krise ging, versuchten wir, uns an einigen theologischen Arbeitstagen über die Wurzeln unseres Glaubens und unseres klösterlichen Lebens zu unterhalten. Das hat unsere gemeinsame Grundlage gestärkt und die Gemeinschaft langsam aus der Krise herausgeführt. Bei einem solchen theologischen Arbeitstag lud uns Pater Meinrad ein, in einer stillen Arbeit ein persönliches Magnifikat z schreiben. Das Magnifikat ist ja der Lobpreis, den Maria beim Besuch ihrer Base Elisabeth anstimmte. Dieser Lobpsalm wurde früher täglich in der Vesper, dem Abendlob der Kirche, gesungen. Wir singen ihn jeden Samstag und an vielen Feiertagen. Der Evangelist Lukas hat in diesem Lied Verse benutzt, die damals in der Armenfrömmigkeit ähnlich gesungen wurden. Das Magnifikat erinnert auch an Psalmen, wie sie in Qumran gebetet wurden. Maria verwendet diese Worte, um ihre Erfahrung mit Gott auszudrücken. So können auch wir dieses Loblied verstehen als Jubel über alles, was Gott an uns getan hat und Tag für Tag an uns wirkt.

Nach der Übersetzung der ökumenischen Kommission beginnt das Lied mit den Worten:

„Meine Seele preist voll Freude den Herrn,
mein Geist ist voll Jubel über Gott, meinen Retter.

Denn er hat gnädig auf seine arme Magd geschaut.
Von nun an preisen alle Geschlechter mich glücklich.
Denn der Mächtige hat an mir Großes getan;
sein Name ist heilig" (Lk 1, 46–49).

Auf dem Hintergrund dieser Worte kann ich mein eigenes Gebet schreiben. Dabei sollte ich nicht angestrengt nachdenken, was Gott mir getan hat. Es ist besser, einfach zu schreiben, ohne viel zu überlegen, mehr in der Hand zu sein als im Kopf. Im Schreiben kommt dann von alleine hoch, wofür ich Gott danken und worüber ich mich freuen kann. Ich preise Gott dafür, dass er mich geschaffen hat, dass er in mir seine Lieblingsidee verwirklicht hat, dass er mich durch die Wechselfälle meine Lebens geformt und gebildet hat, dass er mich auf meinem Weg begleitet und seine schützende Hand über mir gehalten hat. Gott hat immer wieder auf mich in meiner Niedrigkeit und Armseligkeit hingeschaut. Er hat auf mich geschaut, weil ich ihm wichtig bin, weil er mich liebt. Die wohlwollenden und liebenden Augen Gottes sind für mich Grund genug zur Freude. Ich lebe nicht als Nummer, sondern unter den Augen Gottes, der auf mich Acht gibt, dass mein Fuß nicht an einen Stein stößt (vgl. Ps 91, 12).

Beim Schreiben unseres persönlichen Magnifikats kamen uns immer wieder Psalmverse in den Sinn, die wir täglich beten, die aber oft an uns vorbeigehen. Jetzt waren es auf einmal unsere Verse, Ausdruck unserer Erfahrung mit Gott. Jetzt konnten wir von uns persönlich sagen: „Du schaffst meinen Schritten weiten Raum" (Ps 18, 37). „Meine Augen schauen stets auf den Herrn; denn er befreit meine Füße aus dem Netz" (Ps 25, 15). „Du hast mich herausgeholt aus dem Reich des Todes" (Ps 30, 4). „Gott ist mein Helfer, der Herr beschützt mein Leben" (Ps 54, 6). Jeder fand genügend Erlebnisse in seinem Leben, von denen er sagen konnte: „Gott hat Großes an mir getan."

Wenn ich unter dem Blickwinkel meines persönlichen Magnifikats meine Lebensgeschichte durchgehe, dann verschließe ich nicht die Augen vor den dunklen Zeiten. Aber ich sehe auch die schwierigen Situationen in einem anderen Licht. Auch da hat Gott Großes an mir getan, denn er hat mich hindurchgeführt durch Angst und Not, durch Verzweiflung und Dunkelheit, durch Einsamkeit und Leere, und er hat mich herausgeführt in die Freiheit. Und ich spüre, dass es nicht selbstverständlich ist, dass ich noch am Leben bin, dass ich Lust habe am Leben, dass ich etwas gestalten und schaffen kann, dass ich mit meinem Worten andere anspreche, dass ich in meinem Herzen Frieden spüre, dass mich die Suche nach Gott lebendig hält.

Auch die anderen Verse des Magnifikats beschreiben nicht nur die Großtaten Gottes in der Geschichte, sondern Gottes Handeln an mir:

Gott schenkt mir sein Erbarmen. Er fühlt mit mir. Er verurteilt mich nicht, wenn ich mir so unbarmherzig meine Fehler vorhalte. Er „zerstreut" meinen Hochmut, indem er mich immer wieder mit meiner Ohnmacht konfrontiert. Er macht meinen Stolz zunichte, in dem ich mich über die anderen erhebe und mich in Illusionen wiege. Er stürzt in mir das mächtige Ego vom Thron, das sich dort gerne etablieren möchte und das mich vom wirklichen Leben abschneidet, weil es nur auf sich bedacht ist und sich an seinem Thron festklammert.

> *Gott bringt das Arme in mir zu Ehren.*

Und er bringt das Arme in mir zu Ehren. Das, was ich in mir am liebsten verberge, erweist sich als mein eigentlicher Schatz, als eine Quelle von Kreativität und Schönheit. Er erhöht das Niedrige in mir. Er kehrt das Unterste nach oben. Dort, wo ich unten lag, gescheitert, ohnmächtig, dort hat er mich aufgerichtet. Er hat meine Maßstäbe durcheinander geschüttelt. Das hat mir gut getan, das hat Neues in mir zum Leben geweckt. Den Hunger in mir beschenkt er mit seinen Gaben. Er stillt meinen Hunger nach Liebe und Leben. Aber dort, wo ich mich reich dünke, wo ich meine, ich hätte doch alles, dort lässt er mich leer ausgehen, dort lässt er mich erfahren, dass meine Hände leer sind, dass ich nichts vorweisen kann. Er nimmt sich meiner an. Im Lateinischen heißt es hier *suscepit*. Es meint: „von unten her aufnehmen, jemanden auffangen, wenn er hinfällt; jemanden aufrichten und stützen, jemanden als Kind annehmen und aufziehen; jemanden tragen". Gott hat mich immer wieder aufgefangen, wenn ich gefallen bin. Er hat mich aufgerichtet, wenn ich mich hängen ließ. Er hat mich in seinen Händen getragen und mich als sein Kind angenommen, bedingungslos angenommen, so wie ich bin. Das hat er getan, weil er an sein Erbarmen denkt, weil er mit mir fühlt, weil er ein Herz hat für mich.

Als jeder von uns sein persönliche Magnifikat geschrieben hatte, war auf einmal eine andere Stimmung im Raum. Da war nicht mehr das Jammern über die Mitbrüder, die sich nicht an die Ordnung halten. Da war keine Resignation mehr, dass man halt bei vielen Problemen in der Gemeinschaft nichts machen könne. Die Freude, die jeder beim Formulieren seines persönlichen Dankgebetes spürte, verbreitete sich im Raum und steckte auch die anderen an. Das Gespräch war viel gelöster. Wir konnten miteinander lachen. Die Angst, ob die älteren Mitbrüder sich überhaupt auf unsere Methoden und Vorschläge einlassen konnten, war verflogen. Jetzt spürten wir wie viel uns miteinander verbindet. Und als wir dann in der Vesper gemeinsam das Magnifikat sangen, da war es erfüllt mit den persönlichen Erfahrungen jedes Einzelnen. Im Singen der gleichen Worte klangen die persönlichen Schicksale und die Sehnsüchte jedes Einzelnen zusammen. Da spürten wir das Geheimnis, wie die Freude sich durch das gemeinsame Singen vermehrt

Neue Lust,
neue Fantasie,
neue Kreativität.

und eine Kraft entfaltet, die auch für andere zum Segen wird. Denn die Besucher unserer Kirche spüren beim Chorgebet, ob es getragen ist von der Müdigkeit und Frustration oder aber von der Freude und Liebe. Die Freude, die beim Beten des persönlichen Magnifikats aufkam, setzte sich fort im gemeinsamen Chorgebet und in einer neuen Lust, gemeinsam in die Zukunft zu gehen. Auf einmal entwickelte die Gemeinschaft neue Fantasie und Kreativität. Sie überlegte, was ihre Aufgabe in unserer Zeit sei. Da hörten die Überlegungen auf, ob wir überhaupt noch zeitgemäß seien. Jetzt spürten wir, dass wir als Mönche mit einer 1500-jährigen Tradition auf die Fragen unserer Zeit eine wichtige Antwort zu geben vermögen.

Vielleicht regt Sie diese Erfahrung an, selbst Ihr persönliche Magnifikat zu schreiben. Ich wünsche Ihnen, dass Ihnen die Worte nur so zufließen und dass sich Ihr Herz mit Freude füllt. Sie können dieses Gebet alleine schreiben. Aber es wäre auch eine gute Idee, etwa am Jahresende oder bei wichtigen Anlässen in der Familie oder in Ihrer Gemeinschaft, in der Sie leben, gemeinsam an diese Aufgabe heranzugehen. Jeder sollte natürlich für sich das Gebet schreiben. Aber dann sollte die Gemeinschaft zusammenkommen und sich über das persönliche Magnifikat austauschen. Das könnte so geschehen, dass jeder seinen Zettel mit dem Gebet in die Mitte legt. Dann kann jeder einen Zettel nehmen (nicht den eigenen) und ihn langsam für sich selbst lesen und meditieren. Es ist gar nicht wichtig, wer diesen

Zettel geschrieben hat. Ich komme dann mit den Erfahrungen eines anderen in Berührung. Und vielleicht erinnert mich die Erfahrung des anderen an eigene Erlebnisse, die ich längst verdrängt habe oder für die ich selbst keine Worte gefunden habe. Dann können Sie sich über den Text, den Sie gelesen haben, austauschen und darüber, wie es Ihnen selbst beim Schreiben gegangen ist.

Sie werden erleben, wie sich die Stimmung in ihrer Familie, in Ihrem Miteinander verwandelt, wie Sie auf einmal neue Ideen bekommen, was Sie miteinander tun, welche Probleme Sie anpacken und welche Projekte Sie starten möchten. Ich wünsche Ihnen, dass die Freude, die da in jedem Einzelnen aufkommt, zu einer Klammer wird, die Sie miteinander fester verbindet, und zu einer Quelle von Fruchtbarkeit, zu einer Quelle, die Ihnen Lust am Leben schenkt und in Ihnen neue Kraft weckt, gemeinsam nach außen zu wirken und so auch anderen eine Freude zu machen. Ich wünsche Ihnen, dass Sie auch mitten in den Problemen, die Sie bedrängen, mit der Freude in Berührung kommen, die auf dem Grunde Ihres Herzens bereit liegt, um Ihren Leib und Ihre Seele mehr und mehr zu durchdringen. Wenn die Freude dann aus Ihren Augen heraus leuchtet, wird sie auch zu einer Quelle von Lebendigkeit und Fröhlichkeit werden für die Menschen, denen Sie begegnen.

Anmerkungen

[1] Anselm Grün/Wunibald Müller, Was macht Menschen krank, was macht sie gesund? Münsterschwarzach 1997.
[2] Otto Michel, Freude, in RAC VIII, Stuttgart 1972, 365.
[3] Alfons Auer, LThK 362.
[4] Erich Fromm, Psychoanalyse und Ethik, Zürich 1954, 198ff.
[5] Verena Kast, Freude, Inspiration, Hoffnung, München 1997, 16.
[6] Ebd 16f.
[7] Ebd 22.
[8] Ebd 53.
[9] Ebd 54.
[10] Ebd 55.
[11] Ebd 57.
[12] Vgl. John Bradshaw, Das Kind in uns, München 1992, 342ff.
[13] Die schönsten Märchen der Weltliteratur, hrsg. v. Hans-Jörg Uther, München 1996, 117.
[14] Ebd 121.
[15] Ebd 92f.
[16] Ebd 97.
[17] Bernhard Sieland, Emotion, in: Handbuch der Psychologie für die Seelsorge, hrsg. Jürgen Biattner, Düsseldorf 1992, 124.

[18] Ebd 114.

[19] Ebd 134.

[20] Norbert Lohfink, Kohelet. Die Neue Echter Bibel, Würzburg 1980, 6.

[21] Hildegard Strickerschmidt, H. Hildegard. Heilung an Leib und Seele, Augsburg 1993, 81.

[22] Ebd 46.

[23] Ebd 27.

[24] Ebd 82.

[25] Ebd 49.

[26] Alexander Schmemann, Aus der Freude leben, Olten 1974, 25.

[27] Philipp Lersch, Aufbau der Person, München 1964, 237.

[28] Herbert Benson, Heilung durch Glauben, München 1997, 217.

[29] Ebd 29ff.

[30] Heinz-Rolf Lückert, Begabung, Intelligenz, Kreativität, in: Die Psychologie des 20. Jahrhunderts XI, Zürich 1980, 467.

[31] Johanne XXIII, Brevier des Herzens, Frankfurt 1967, 39.

[32] Erhart Kästner, Die Stundentrommel vom Heiligen Berg Athos, Wiesbaden 1956, 122f.

[33] Nicolas Hermann, Die wahre Freude, Zürich 1969.

[34] Johannes Chrysostomus, Säulenhomilien 18, 1–2, zit. nach: Texte der Kirchenväter III, hrg. v. Alfons Heilmann, München 1964, 297.

[35] Ebd 18, 4, zit. Ebd. 306.

[36] Otto Michel, Freude 366.
[37] Kurt Meissner, Über die Freude. Bemerkungen zu einer Philosophie der Zustimmung zur Welt, Hamburg 1992, 26.
[38] Ernst Bloch, Prinzip Hoffnung, Frankfurt 1959, 1252.
[39] Augustinus, PL 36, 283.

Anselm Grün

Leben ist Jetzt
Die Kunst des Älterwerdens
240 Seiten, Gebunden mit Schutzumschlag
ISBN 978-3-451-30238-1
Wie man auf gute Weise älter wird, ist eines der schwierigsten Kapitel des Lebens. Pater Anselm Grün spürt dem nach, was wichtig ist.

Das große Buch der Lebenskunst
320 Seiten, Pappband mit Leseband
ISBN 978-3-451-30282-4
Lebenslust, Leichtigkeit und die Freude daran, sich auf das Leben einzulassen, offen zu sein für das Überraschende: dazu gibt das große Buch der Lebenskunst Anregungen und Hinweise für ein leichteres Leben.

Bleib deinen Träumen auf der Spur
Buch der Sehnsucht
Band 5550
Sehnsucht ist der Anfang von allem. Anselm Grün inspiriert dazu, mit dieser Kraft der Seele in Berührung zu kommen.

Quellen innerer Kraft
Erschöpfung vermeiden – Positive Energien nutzen
Band 5939
Ausgelaugt, ausgebrannt, innerlich leer – für viele ein Dauerzustand unter dem Druck des Alltags. Aber: Quellen der Kraft gibt es in jedem Leben!

Vertrauen
Spüre deine Lebenskraft
Band 5960
Den Glauben ins Leben fördern – auch in schwierigen Zeiten: Anselm Grün zeigt spirituelle Wege zu Selbstvertrauen, zum Vertrauen in andere und zu einem neuen Gottvertrauen.

HERDER spektrum